Crashkurs
Trading

Das Einsteigerwerk
für Trader – und alle,
die es werden möchten!

¹ / Crashkurs Trading

© Copyright 2010:
BÖRSENMEDIEN AG; KULMBACH

3. aktualisierte Auflage 2015

Gestaltung: Jürgen Hetz, denksportler Grafikmanufaktur
Satz und Herstellung: Martina Köhler, Börsenbuchverlag
Lektorat: Claus Rosenkranz
Druck: CPI – Ebner & Spiegel, Ulm

Sebastian Steyer – Crashkurs Trading
ISBN 978-3-864700-19-4

Band 6 der Serie „Crashkurs"

Alle Rechte der Verbreitung, auch die des auszugsweisen Nachdrucks, der fotomechanischen Wiedergabe und der Verwertung durch Datenbanken oder ähnliche Einrichtungen vorbehalten.

Bibliografische Information der Deutschen Nationalbibliothek:
Die Deutsche Nationalbibliothek verzeichnet diese Publikation in der Deutschen Nationalbibliografie; detaillierte bibliografische Daten sind im Internet über <http://dnb.d-nb.de> abrufbar.

Postfach 1449 • 95305 Kulmbach
Tel. +49 9221 9051-0 • Fax +49 9221 9051-4444
E-Mail: buecher@boersenmedien.de
www.boersenbuchverlag.de

Zertifikate: f. 35
Chartanalyse: f. 59, Moden → f. 77
Tagebuch: f. 89
Order-Arten: f. 93
Risikomanagement: f. 106 - 121
Stopploss: f. 128 - 131
Tradingstrategien: f. 145

Risikomanagement (maximaler Verlust?):
1) Risiko pro Trade =)
   1% (max. 3%) d. Tradingkapitals
2) Maximale Gesamtverlust =)
   max. 15% d. Gesamtkonto

Marge-Management =)
wieviel Shares eig. Einzeltrade bin ersoben wenn?

bld = Risiko pro Punkt - Jebührn gesamt
              Kursplus - Stopploss
                                              2007
                                       = 45 - 43,19 = 18,2

z.B. 20.000€ Gesamtkapital u. angestellt Kauf v. BASF-
Aktien (aktuell 45€ pro Stk.)
Stopploss bei 43,90€ gesetzt (kurz unterhalb unten
Tief vor aktueller Unterwochenbewegg.)
also bis abgerundet 18 1 BASF- Aktien!

3) aktuelle Gewinn-
      sicherung aller rechtzeitig
      beizeitig Eindruck
4) heiz Risiko =
      eher mehr wie
      Gewinn u. all. Paula

Inhalt

Inhalt

Vorwort **09**

Kapitel 1 – Die Vorbereitung **13**

Kapitel 2 – Werkzeuge eines Traders **53**

Kapitel 3 – Risiko- und Money-Management **101**

Kapitel 4 – Tradingstrategien **139**

Kapitel 5 – Handelssysteme **151**

Kapitel 6 – Tipps aus der Tradingpraxis **175**

Schlusswort **187**

Glossar **191**

Vorwort

Liebe Leserin, lieber Leser,

Sie möchten also durch Trading schnell reich werden? Prima, daran ist grundsätzlich nichts Verwerfliches! Doch wenn der Weg zum schnellen Reichtum so einfach ist, warum kennen Sie dann so wenig Leute, die durch Trading finanzielle Unabhängigkeit erlangt haben? Verschiedene Statistiken von Brokern und Online-Banken zeigen, dass nur circa zehn bis 20 Prozent der Trader dauerhaft an den Märkten Geld verdienen. Dies lässt den Schluss zu, dass Trading nicht der schnelle Weg zum Reichtum für alle ist, mit der richtigen Herangehensweise aber durchaus für einige sehr profitabel sein kann.

Doch was ist eigentlich Trading? Sind nicht alle, die schon einmal Wertpapiere gekauft und wieder verkauft haben, Händler, also Trader? Wo liegen die Unterschiede zum klassischen Investieren?

„Crashkurs Trading" zeigt Ihnen, wie Sie den Weg zum erfolgreichen Trader beschreiten können. Dabei geht es nicht um die schnelle Verdopplung des Kapitals mit einer geheimen Tradingstrategie, sondern zuerst um eine solide Vorbereitung und das nötige Handwerkszeug. Beides ist für den Erfolg an den Finanzmärkten unabdingbar. Das Erlernen des Tradings ist mit einer guten Berufsausbildung vergleichbar. Nur wer gut ausgebildet ist, wird erfolgreich in seinem Beruf arbeiten. Oder würden Sie zu einem Arzt gehen, der sein Medizinstudium erst begonnen hat? Dieses Buch stattet Sie mit dem Grundwissen für Ihren Start als Trader aus.

Es wird Ihnen aber auch vermitteln, welch große Rolle Sie selbst und Ihre Persönlichkeit beim Traden spielen. Das Stichwort lautet hier: die menschliche Psychologie beim Traden. Erfolgreiche Trader müssen zwar kein Psychologiestudium absolviert haben, sind sich der Fehlbarkeit menschlicher Entscheidungen aber stets bewusst.

Da nicht jeder Trade ein Treffer ist, spielt die konsequente Begrenzung der Risiken eine besondere Rolle beim Trading. Die notwendigen

Strategien werden ebenso vorgestellt wie eine einfache, aber ertragreiche Handelsstrategie im historischen Test.

„Crashkurs Trading" zeichnet ein realistisches Bild der Chancen und Risiken beim Spekulieren an den Finanzmärkten. Ihnen wird das nötige Wissen vermittelt und es werden Wege aufgezeigt, wie Sie zu den wenigen gehören können, die mit Trading konstant Gewinne erzielen.

Wenn Sie dann noch die nötige Ausdauer, Disziplin und Konsequenz besitzen, kann Trading für Sie ein Weg sein, regelmäßig ein positives Einkommen zu erwirtschaften.

Viel Spaß beim Lesen und erfolgreiche Trades wünscht Ihnen

Sebastian Steyer

PS: Sollten Sie Fragen zu den verschiedenen Themen in diesem Buch haben, stehe ich Ihnen gerne zur Verfügung. Sie erreichen mich unter der E-Mail-Adresse sebastian.steyer@boersenbuchverlag.de.

Kapitel 1

Die Vorbereitung

Trading versus *Investieren*

Auf den ersten Blick könnte man meinen, beide Formen der Geldvermehrung unterscheiden sich nur hinsichtlich der gewählten Zeitebenen. Während der Trader hektisch vor dem Bildschirm hockt und versucht, in Sekundenschnelle von kleinsten Kursbewegungen zu profitieren, sitzt der klassische Investor gemütlich im Golfclub und wartet, bis sein Investment in einigen Jahren Früchte trägt. Schaut man sich die Strategien von Investmentlegenden wie Warren Buffett an, dann scheint es nur diesen zentralen Unterschied zu geben. Doch ein guter Investor muss noch lange kein guter Trader sein und das liegt nicht allein an den verschiedenen Zeithorizonten.

Ein zentraler Unterschied beim Trading ist, dass Sie nicht nur auf steigende, sondern auch auf fallende Kurse spekulieren. Welchen Vorteil Trader gegenüber Investoren haben, zeigt ein längerfristiger Vergleich im DAX. So stand er am 31.12.1999 bei 6.958,14 Punkten. Dreizehn Jahre später, am 31.12.2012, notierte er bei 7.612,39 Punkten – ein Plus von 9,4 Prozent, auf dreizehn Jahre gesehen lässt dieses Ergebnis jedoch sehr zu wünschen übrig. Jedes Sparbuch hätte ein besseres Ergebnis erzielt.

Mit der klassischen Strategie kaufen, liegen lassen und auf steigende Kurse hoffen hätte der Langfristinvestor also keine attraktive Verzinsung seines Kapitals erzielt. Beim Trading dagegen kann es Ihnen völlig egal sein, ob die Märkte steigen oder fallen. Sind Sie auf der richtigen Seite positioniert, also long für steigende Kurse und short für fallende Kurse, können Sie gutes Geld verdienen.

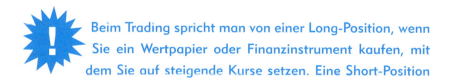

> **!** Beim Trading spricht man von einer Long-Position, wenn Sie ein Wertpapier oder Finanzinstrument kaufen, mit dem Sie auf steigende Kurse setzen. Eine Short-Position

eröffnen Sie, wenn Sie auf fallende Kurse spekulieren wollen. Trader sprechen oft nur von long oder short.

Dabei sind es besonders die trendstarken Phasen, in denen sich die Finanzmärkte deutlich nach oben oder unten bewegen, die sehr lukrativ für Sie als Trader sein können.

Wer in der aktuellen Finanzkrise bei DAX-Aktien im Zeitraum von August 2011 bis Ende September 2011 auf fallende Kurse gesetzt hat, konnte als Trader gutes Geld verdienen, während viele Investoren schlaflose Nächte durchlitten haben.

Doch nicht nur in dieser Hinsicht unterscheiden sich Trading und klassisches Investieren.

Ein Investor sucht sich Aktien von Firmen aus, die er fundamental für günstig hält. Er liest Geschäftsberichte, studiert Quartalszahlen und Bilanzen, um dann ein längerfristiges Engagement einzugehen. Er lässt sich meist auch von den Schwankungen seiner Investments nicht beeindrucken, solange die fundamentalen Daten weiter intakt sind. Ganz im Gegenteil, fällt der Kurs seiner Aktien, greift er oft erneut zu und investiert frisches Geld in das Unternehmen. Er ist nahezu völlig immun gegenüber den Kapriolen der Finanzmärkte, solange die Firmen, in die er investiert, gute Geschäfte machen. Handelt ein Trader ebenso, dann würde er einen Trade, mit dem er im Minus liegt, durch Aufstocken der Position vergrößern; im Verlustfall nennt man das „verbilligen". Entwickelt sich der Trade zum Beispiel bei einem Hebelprodukt nun weiter gegen den Trader, so häuft er auf diese Art und Weise Verluste an, die sein Eigenkapital aufgrund der Hebelwirkung schnell übersteigen können. Dies bedeutet meist den finanziellen Ruin und das Aus der Traderkarriere. Für den Trader sind also Stoppkurse zur Begrenzung von Verlusten unabdingbar. Beachtet man diese Regel nicht, so kann aus einem kurzfristigen Trade auch plötzlich ein ungeplantes langfristiges Investment werden. In diesem Fall ist der Trader nicht konsequent in der Lage, Trading und Investment klar voneinander zu trennen. Das Vermischen beider Stile kann fatale Folgen haben.

Somit ist ein erfolgreicher Investor noch lange kein guter Trader und umgekehrt.

Der Vorteil desjenigen, der vom Investieren zum Trading kommt, liegt lediglich in den vorhandenen Kenntnissen über die Funktionsweise der Finanzmärkte sowie der verwendeten Terminologie. Die gute Nachricht ist also: Auch wenn Sie noch keine längerfristige erfolgreiche Karriere als Investor hinter sich haben, können Sie ein guter Trader werden!

Warum wollen Sie traden?

Die Antworten auf diese Frage werden sehr vielfältig sein, eine Aussage wird jedoch am häufigsten genannt werden: „Ich möchte reich werden und schnell das große Geld verdienen." Diese Antwort ist nur allzu legitim, da wohl kaum ein Mensch sein Kapital aufs Spiel setzt, ohne sich dabei eine Vermehrung seines Einsatzes zu erhoffen. Lassen Sie uns diese Topantwort und einige weitere etwas genauer hinterfragen, um auch Ihre Motivation für das Trading herauszufinden.

Die fünf Topantworten

„Ich möchte reich werden."

Wann ist man eigentlich reich? Sind für den einen von uns bereits einige Zehntausend Euro ein lohnendes Ziel, so beginnt für einen Zweiten Reichtum erst bei der Millionengrenze. Das Gefühl des Reichseins variiert von Person zu Person.

Oft ist mit dem Begriff des Reichtums eher die finanzielle Unabhängigkeit gemeint. Psychologische Untersuchungen zeigen, dass der Zufriedenheitsgrad von Menschen nicht linear mit der Höhe des verdienten Geldes steigt. Viel attraktiver ist die finanzielle Unabhängigkeit, erreicht durch eine Tätigkeit, welche nicht mit den Nachteilen einer abhängigen Beschäftigung verbunden ist.

In dieser reizvollen Kombination, unabhängig zu sein und gleichzeitig viel Geld zu verdienen, liegt aber auch eine große Gefahr. Wir Menschen neigen stark dazu, bei solch rosigen Aussichten unseren rationalen Verstand auszuschalten und uns ganz unseren Emotionen hinzugeben. Träumen Sie nicht auch gerade von einem Haus am Strand? Sie sitzen bei einem Glas gut gekühlten Weißwein auf der Terrasse vor Ihrem Laptop und verdienen mit einem Mausklick eine größere Summe Geld.

Stopp! Der Grundstein für den Misserfolg beim Trading wird gerade gelegt.

Oftmals folgt jetzt umgehend die Eröffnung eines Tradingkontos bei einem aus der Werbung bekannten Broker, das Geld wird eingezahlt und die ersten Trades werden getätigt. Nach spätestens einem Jahr reift meist die bittere Erkenntnis, dass ein Großteil des Kapitals vernichtet ist und man wohl doch weiterhin als Angestellter arbeiten muss. Sie sehen, welche Gefahren im Traum vom schnellen Reichtum lauern, wenn man die Sache unrealistisch und sehr emotional angeht. Daher sollten Sie sich vorab einige grundlegende Gedanken machen. Zuerst gilt es eine Bestandsaufnahme über die Höhe des zur Verfügung stehenden Kapitals zu machen. Dabei muss diese Geldsumme folgende Bedingungen erfüllen:

1. *Das Geld ist kein geliehenes Geld!*
2. *Sie benötigen das Geld nicht für Ihre unmittelbare Lebenshaltung und haben es nicht bereits für kommende Ausgaben (neues Auto, Jahresurlaub, Ablösung eines Baukredites et cetera) verplant.*

3. Ein Verlust dieser Summe würde zwar schmerzen, aber Sie müssten Ihren Lebensstandard deswegen nicht ändern.

Wenn Ihr für das Trading vorgesehene Kapital diese drei Kriterien ausnahmslos erfüllt, handelt es sich wirklich um die Summe, mit der Sie Ihre Traderkarriere beginnen können. Denn nur so gelingt es Ihnen, mental unbelastet an das Thema Trading heranzugehen. Wer dagegen mit Geld spekuliert, das in einem Jahr für den Erwerb eines neuen Autos benötigt wird, wird bei jedem einzelnen Trade den Druck verspüren: „Es darf nichts schiefgehen!" Aus unserer Kindheit wissen wir, dass wir in solchen Situationen meist zum Scheitern verdammt sind. Immer wenn uns unsere Eltern vor einer Klassenarbeit unter Druck gesetzt haben, damit wir eine gute Note schreiben, war das Ergebnis sehr oft das Gegenteil.

Außerdem besteht die Gefahr, dass aus dem geplanten Mittelklassemodell dann nur der ungeliebte Kleinwagen wird, weil sich Ihr Trading gerade in einer schlechten Phase befindet.

Nehmen wir nun einmal an, Ihnen stehen 50.000,- Euro freies Kapital zur Verfügung.

Selbst wenn Sie jedes Jahr 20 Prozent Zuwachs mit dem Trading erreichen – und dann gehören Sie schon zu den guten Tradern –, benötigen Sie knapp vier Jahre für die Verdopplung des Kapitals. Nach vier Jahren hätten Sie exakt 103.680,- Euro auf Ihrem Tradingkonto, ohne Berücksichtigung von Gebühren und Steuern. Würden Sie sich jetzt bereits reich und finanziell unabhängig fühlen?

Erst nach weiteren gut zwölf Jahren erfolgreichen Tradings, mit einer Performance von 20 Prozent pro Jahr, hätten Sie die magische Grenze von einer Million Euro erreicht.

Der Traum, mit einem eher kleinen Konto schnell reich zu werden, gehört in die Welt der Mythen, der Werbung unseriöser Tradinganbieter oder in den Bereich des statistisch Möglichen, aber wenig wahrscheinlichen Zufalls.

Wer dagegen mit einer Million Euro Startkapital beginnt, hat bei einer Jahresperformance von 20 Prozent bereits 200.000,- Euro nach einem Jahr verdient.

Aber ist derjenige, der eine Million als Tradingkapital zur Verfügung hat, nicht ohnehin bereits reich?

Schneller Reichtum mit einem kleinen Startkapital ist somit kein guter Grund, mit dem Traden zu beginnen. Auf der anderen Seite haben Sie auch mit wenig Startkapital die Chance, durch harte und konsequente Tradingarbeit etwas zu erreichen. Denn erfolgreiches Trading ist Arbeit, jeden Handelstag aufs Neue.

„Ich möchte mein eigener Chef sein."

Eine sehr erfreuliche Aussicht. Endlich keiner mehr, der Ihnen vorgibt, was Sie wann tun müssen. Keine unangenehmen Kollegen, kein Streit im Büro, keine monotonen Routinearbeiten, die auf ihre Erledigung warten.

So schön diese Vorstellung jedoch auch ist, es gibt auch hier eine Kehrseite der Medaille. Als Ihr eigener Chef sind Sie für alles, was Sie tun, selbst verantwortlich. Machen Sie Fehler, wird es keinen geben, der Sie darauf aufmerksam macht.

Wollen Sie plötzlich ein höheres Risiko beim Trading eingehen, wird es niemand geben, der Sie daran hindert, außer Sie selbst. In den Handelsabteilungen der großen Banken hat jeder Händler ein persönliches Limit, zum Beispiel bei der Positionsgröße oder bei der Summe, welche er maximal verlieren darf. Ein Überschreiten dieser Limitgrößen ist oft technisch gar nicht möglich oder nur mit Zustimmung des Vorgesetzten. Der Vorgesetzte ist es aber auch, der dem professionellen Händler den Zugang zu seiner Handelsplattform sperrt, wenn er gegen die Regeln verstößt. Diesen Vorgesetzten haben Sie als privater Trader nicht. Der Vorgesetzte muss in Ihnen selber wohnen, quasi ein zweites, sehr konsequentes und kritisches Ich, das ständig präsent ist und Ihre Tradingtätigkeit überwacht. Dieses zweite Ich muss in kritischen Situationen stark sein und Sie auch einmal zur Unterbrechung Ihres Tradings zwingen können. Wichtig wird es, wenn Sie beispielsweise im Begriff sind, von Ihrem ursprünglichen Tradingplan ohne gute Gründe abzuweichen. Erfolgreiche Trader verfügen über ein hohes Maß an Selbstreflexion, Konsequenz, Disziplin und Eigenmotivation und können Ihre Stärken und Schwächen sehr gut einschätzen. Trading ist in erster Linie Kopfsache!

Eine weitere Kehrseite der beruflichen Unabhängigkeit beim Traden ist die Einsamkeit. Sie werden bei Ihrer Tradingtätigkeit einsam sein, sehr einsam sogar. Zwar stehen uns heute vielfältige elektronische Wege offen, um mit anderen Menschen zu kommunizieren. Dies ersetzt jedoch nicht das gemeinsame Mittagessen mit den Kollegen. Das Fehlen direkter sozialer Kontakte beim Traden wird der eine wenig, die meisten von uns jedoch sehr bedauern. Gerade wenn Sie sich für eine hauptberufliche Traderkarriere entscheiden, gilt es sich selbst zu hinterfragen. Wie gut können Sie allein sein und arbeiten? Nicht zuletzt werden Sie bei der nächsten Party mit Freunden und Familie kaum einen Gesprächspartner finden, mit dem Sie sich über Ihren Beruf unterhalten können. Warum nicht? Als Trader gehören Sie in Deutschland zu einer Gruppe von Exoten, die in letzter Zeit auch noch zunehmend den Stempel aufgedrückt bekommt, für sämtliche Finanzkrisen dieser Welt verantwortlich zu sein. Was natürlich eine oberflächliche Schuldzuweisung seitens der Politik und der Medien ist, vernünftig betrachtet aber meist jeglicher Grundlage entbehrt. Stört es Sie auf Dauer, bei Ihren Freunden als der Spekulant verschrieen zu sein, oder haben Sie die nötige innere Stärke, über solchen Äußerungen zu stehen?

Auch wenn der Zusammenhang zum eigentlichen Trading vielleicht nicht auf den ersten Blick klar wird, so ist es jedoch als Trader extrem wichtig, dass man zu dem steht, was man tut. Nur wer die mentale Stärke besitzt und dauerhaft auf die soziale Anerkennung seines Umfeldes für die Tradingtätigkeit verzichten kann, wird dauerhaft einen freien Kopf haben für das, worum es beim Trading in erster Linie geht: Mit harter und konzentrierter Arbeit gutes Geld zu verdienen!

Sollten Sie natürlich in der glücklichen Lage sein, unter Ihren Bekannten bereits den einen oder anderen Trader zu haben, sind Sie deutlich im Vorteil.

„Ich suche den Nervenkitzel, ich bin eine Spielernatur."

Sollte dies für Sie die Hauptmotivation sein, Trader zu werden, gibt es nur einen Tipp: Suchen Sie sich eine andere Tätigkeit, um Ihren Nervenkitzel zu befriedigen.

Denn wie im Casino sind auch beim Trading reine Spielernaturen die Verlierer.

Der emotionale Nervenkitzel kann zwar durch Trading befriedigt werden, jedoch schaltet er meist den rationalen Verstand beim Menschen völlig aus. So denkt der emotionale Spieler am Roulettetisch nach fünf Mal Rot in Folge, dass nun die Wahrscheinlichkeit für Schwarz beim nächsten Spiel deutlich höher ist.

Nüchtern betrachtet ist die Wahrscheinlichkeit beider Farben jedoch auch nach dieser Rotserie natürlich identisch. Der emotionale Trader wird oft nach einer Serie von Fehltrades den Einsatz deutlich erhöhen. Frei nach dem Motto: „Nach fünf Verlusten in Folge muss doch jetzt ein Gewinntrade folgen. Mit dem erhöhten Einsatz hole ich alle vorhergehenden Verluste wieder auf." Nur zu dumm, dass auch der sechste

Trade in Folge mit einem Verlust endet und nun ein großer Teil des Tradingkapitals vernichtet wurde. Beim Trading operieren Sie ebenso wie am Spieltisch mit Wahrscheinlichkeiten, steigenden oder fallenden Kursen, Rot oder Schwarz. Diese Wahrscheinlichkeiten lassen sich mathematisch berechnen. Rein emotionale Entscheidungen, wie sie für Spielernaturen typisch sind, führen über kurz oder lang in aller Regel zum Ruin.

Trading als Befriedigung für den Nervenkitzel hat also nur eine Berechtigung, wenn Sie finanziell so wohlhabend sind, dass Sie sich den Verlust eines gewissen Betrages, quasi Ihrem Spielgeld, leisten können. Aber Vorsicht, der Weg zur Sucht ist auch beim Trading für emotional wenig stabile Menschen nicht weit.

„Meine Nachbarn und Freunde traden auch und berichten von tollen Gewinnen."

Es liegt in der Natur des Menschen, sich mit anderen zu messen, um noch erfolgreicher zu sein als die Mitmenschen. Dieses Kräftemessen spornt uns nicht nur zu sportlichen Höchstleistungen an, sondern kann auch der Grund für die Eröffnung eines Tradingkontos sein. Hinzu kommt, dass wir Menschen stets bestrebt sind, mit dem Trend zu gehen. Ist in unserem sozialen Umfeld das Geldverdienen mit Trading gerade der letzte Schrei, so können wir uns dem nur schwer entziehen. Denn schließlich ist es Balsam fürs Ego, auf der nächsten Party erzählen zu können, wie man mit einer unentdeckten Aktie innerhalb von wenigen Tagen den nächsten Urlaub verdient hat. Die Aufmerksamkeit Ihrer Zuhörer wird Ihnen ebenso gewiss sein wie das Image des erfolgreichen Finanzjongleurs. Stehen Sie dagegen auf der Seite der Zuhörer, wird in Ihnen der Wunsch immer stärker werden, es dem Redner gleichzutun. In Gedanken werden Sie wahrscheinlich bereits einen ersten groben Überschlag machen, was Sie sich alles leisten können, wenn Sie Ihr Geld auf dem Sparkonto innerhalb kurzer Zeit verdoppeln. Ein wahrhaft euphorisches Gefühl! Spätestens jetzt empfiehlt es sich, die Dollarzeichen aus Ihren Träumen zu verbannen und Ihren rationalen Verstand die Oberhand über Ihre Gedanken gewinnen zu lassen. Zum einen gilt es eine sachliche Bestandsaufnahme zu machen. Welche Erfahrungen und welches Wissen besitzen Sie im Bereich der spekulativen Finanzgeschäfte? Welche Summe an freiem Kapital haben Sie zur Verfügung, wie viel Zeit wollen Sie in das Trading investieren? Kurzum, nehmen Sie sich Zeit, um sich gründlich auf das Trading vorzubereiten, lesen Sie Fachlektüre (so wie Sie es gerade tun). Eine akribische Vorbereitung steigert die Chancen enorm, in vielleicht einem halben Jahr bei einem Treffen mit den Freunden von Ihrem erfolgreichen Einstieg ins Tradinggeschäft berichten zu können.

Eines müssen Sie unbedingt verinnerlichen: Beim Handeln an den Märkten gibt es für Sie keine erste oder zweite Liga. Mit Ihrer ersten Order stehen Sie in sofortiger Konkurrenz zu den großen, professionellen Marktteilnehmern. Ohne eine gründliche Vorbereitung werden Sie dieser Konkurrenz nichts entgegenzusetzen haben. Eine Schonfrist, nur weil Sie neu im Geschäft sind, gibt es an den Märkten nicht.

Das Ergebnis auf Ihrem Konto sagt Ihnen unmissverständlich, ob Sie gut oder schlecht sind. Eine eindeutigere, oft auch sehr brutale Rückmeldung über den Erfolg der eigenen Arbeit gibt es kaum. Auf der anderen Seite können Sie diese Direktheit der Rückmeldung, richtig analysiert, auch als ständiges Controlling für Ihre Tradingarbeit nutzen.

Weiterhin sollten Sie in Betracht ziehen, dass bei den Erfolgsmeldungen Ihres Umfeldes durchaus eine gehörige Portion Übertreibung dabei sein kann. Es ist typisch menschlich, nur von seinen Erfolgen zu berichten und diese, gerade im Bereich der Geldanlage, noch ein wenig auszuschmücken.

Verlustgeschäfte werden verschwiegen, denn schließlich wird Ihnen keiner anerkennende Blicke zuwerfen, wenn Sie schildern, wie Ihr Konto gerade um einen vierstelligen Betrag geschrumpft ist. Eine gesunde Portion Skepsis ist also stets angebracht, egal ob Sie den Geschichten eines Amateurs oder eines Profis lauschen.

Ein ebenfalls schlechter Ausgangspunkt für den Beginn einer Traderkarriere ist Neid. Diese sehr menschliche Eigenschaft wird Sie gerade an der Börse mit ziemlicher Sicherheit ins Verderben führen, weil Sie versucht sein werden, mit zu hohem Risiko unbedingt erfolgreich zu sein. Vielmehr sollte der Erfolg anderer Trader Ansporn für Sie sein, Ihre eigenen Voraussetzungen zu analysieren, um gut vorbereitet in das Tradinggeschäft einzusteigen.

„Ich möchte beweisen, dass ich die Entwicklung der Märkte korrekt prognostizieren kann."

Wer möchte das nicht, die Zukunft vorhersagen? In den Medien wimmelt es von Analysen, Prognosen und Kurszielen. Bei der Vielzahl und Unterschiedlichkeit dieser Vorhersagen wird es immer jemanden geben, der recht hat. Gelingt ihm das sogar mehrere Male nacheinander, ist der Weg zum Finanzguru nicht mehr weit.

Schnell hat er eine Schar von Anhängern, die seinen Prognosen fast blind folgt. Ist es nicht ein schönes Gefühl, recht zu haben und die Anerkennung vieler zu erfahren? Und genau dies ist oft auch der tiefere Beweggrund derjenigen, die obige Antwort auf die Frage nach dem Grund für ihren Einstieg ins Trading geben.

Endlich einmal richtigliegen und die Anerkennung dafür bekommen, die einem sonst vielleicht im beruflichen Leben oft genug verwehrt bleibt.

Denn Loben und Anerkennen gehören nicht gerade zu den Stärken der Vorgesetzten in den Etagen deutscher Bürogebäude. Leider ist die Börse aber der falsche Platz für die Befriedigung dieser menschlichen Bedürfnisse. Selbst der beste professionelle Analyst oder Volkswirtschaftler wird nicht dauerhaft mit seinen Analysen richtigliegen. Sonst wäre Börse sehr einfach und alle hätten in der letzten Finanzkrise rechtzeitig alles verkauft und wären am Tiefstpunkt wieder eingestiegen.

Wenn Sie dann beim Traden Ihre Meinung noch dadurch untermauern, dass Sie mit Ihrem Geld verbissen gegen die aktuellen Trends am Markt wetten, kann dies schnell in einer doppelten Niederlage enden. Zum einen verlieren Sie Geld, zum anderen kann es extrem frustrierend sein, wieder einmal nicht recht bekommen zu haben. Genau das gehört aber zum Tradinggeschäft dazu, auch mal mit einigen Trades in Folge danebenzuliegen. Nur wer in der Lage ist, seine Emotionen in solchen Situationen zu beherrschen, wird Verluste als Teil des Tradings akzeptieren lernen. Die Finanzmärkte sind viel zu komplex, als dass es einem Menschen gelingen könnte, ständig richtige Prognosen abzugeben. Die Akzeptanz dieser Tatsache ist einer der wichtigsten Schritte auf dem Weg zum erfolgreichen Trader. Denn an den Märkten gibt es nur einen, der immer recht hat, und das ist der Markt selbst!

Tipp! Die Börse ist der falsche Ort und besonders kurzfristiges Trading ist der falsche Ansatz, um auf Biegen und Brechen recht zu bekommen. Der kluge Trader merkt es schnell, wenn seine Meinung über den Markt nicht mit dessen Richtung übereinstimmt. Ist dies der Fall, ist er in der Lage, seine Meinung zu ändern, um von der aktuellen Richtung des Marktes zu profitieren. Denn der clevere Trader tritt dem Markt mit einer gewissen Demut gegenüber, weil er weiß: „Nur der Markt hat immer recht!"

Es lohnt sich für jeden von Ihnen, vor der Aufgabe der ersten Order erst einmal zu hinterfragen, was Ihre persönlichen Beweggründe für das Trading sind.

Je genauer Sie diese kennen, umso besser wird es Ihnen gelingen, Ihre Emotionen beim Trading zu kontrollieren. Gerade in Verlustphasen schaffen Sie es so viel leichter, einen kühlen Kopf zu bewahren. Nehmen Sie sich also die Zeit für eine ehrliche und gründliche Selbstanalyse. Diese Investition ist mindestens genauso wertvoll wie der Besuch eines guten Tradingseminars.

Haupt- oder nebenberuflicher Trader?

Die erste und ausschlaggebende Antwort liegt in der Höhe des zur Verfügung stehenden Kapitals. Entscheiden Sie sich für eine hauptberufliche Traderkarriere, sollten Sie über einen soliden finanziellen Hintergrund verfügen.

Realistisch betrachtet können Sie als Neuling davon ausgehen, dass Sie mindestens zwei Jahre benötigen, um konstant Gewinne zu erzielen. Somit sollten Sie für die ersten zwei, besser drei Jahre über genügend Mittel verfügen, um davon leben zu können. Haben Sie diese Summe im Geiste zur Seite gelegt, ergibt sich nach Abzug aller sonstigen Verbindlichkeiten und Ausgaben für diesen Zeitraum Ihr freies Tradingkapital. Die Höhe der Summe entscheidet über die Frage „Haupt- oder Nebenberuf?" Selbst 100.000,- Euro freies Tradingkapital sind meist zu wenig, um dauerhaft realistisch von den Tradingerträgen leben zu können. Rechnen Sie wie bereits erwähnt mit 20 Prozent durchschnittlicher Performance vor Steuern im Jahr. Erst wenn diese 20 Prozent, nach Abzug von Steuern und Kosten, eine für Sie akzeptable Summe als Jahreseinkommen ergeben, haben Sie genug freies Tradingkapital für eine hauptberufliche Traderkarriere.

Tipp! Ihr freies Tradingkapital können Sie wie folgt ermitteln: Addieren Sie Ihr gesamtes Barvermögen, wie zum Beispiel kurzfristig verfügbare Spareinlagen, Tagesgeld und Cash. Möchten Sie allein vom Trading leben, ziehen Sie von dieser Summe den Betrag ab, welchen Sie für die nächsten zwei Jahre für Ihren normalen Lebensstil benötigen. Subtrahieren Sie davon noch die Summe aller weiteren bekannten Verbindlichkeiten und größeren Ausgaben (Ablösung eines Darlehns, Kauf eines neuen Autos, Urlaub etc.) in den kommenden beiden Jahren. Jetzt haben Sie Ihr freies Tradingkapital ermittelt. Mit dieser Summe können Sie Ihre Traderkarriere beginnen.

Für viele wird daher der nebenberufliche Einstieg in das Tradinggeschäft der finanziell sicherere Weg sein. Bei dauerhaftem Erfolg ist eine spätere hauptberufliche Traderkarriere immer noch jederzeit möglich.

Hinzu kommt, dass eine hauptberufliche Tradingtätigkeit ein vor allem mental sehr anstrengender Job ist. Nicht jeder ist von seiner charakterlichen Seite her als Vollzeittrader prädestiniert.

Widmen wir uns nun verstärkt der nebenberuflichen Traderkarriere. Als Angestellter haben Sie nur ein begrenztes Zeitbudget für das Trading zur Verfügung. In aller Regel werden das die Morgen- oder Abendstunden sein, abhängig von den Arbeitszeiten Ihres Hauptberufes. Das klassische Daytrading am deutschen Markt scheidet somit meist aus. Interessant für schnelle Tagesgeschäfte kann für Sie zum einen der nachbörsliche Handel an den deutschen Märkten oder der Handel an den US-Börsen sein. Hier können Sie die großen Indizes wie Dow Jones oder Nasdaq sowie amerikanische Aktien bis 22.00 Uhr deutscher Zeit handeln. Wichtig ist natürlich, dass der Broker Ihrer Wahl Ihnen auch den Handel mit US-Papieren ermöglicht.

Wenn Sie also neben Ihrem Hauptberuf zum Beispiel in den Abendstunden Daytrading betreiben möchten, sollten Sie sich vorher genau überlegen, wie Sie das in Ihren normalen Tagesablauf integrieren. Denn in aller Regel werden Sie an so einem Tradingabend kaum Zeit für Familie, Freunde oder sonstige Freizeitaktivitäten haben. Trading – und gerade Daytrading – fordert Ihre volle Aufmerksamkeit.

Eine Abstimmung mit Ihrer Familie ist daher unerlässlich. Sie werden keinen Spaß und auch keinen Erfolg haben, wenn Sie vor Ihrem Bildschirm sitzen mit dem Wissen, dass Ihr Lebenspartner oder Ihre Lebenspartnerin sich lieber einen gemütlichen Abend zu zweit wünscht. Nur wer hier im Voraus klare Absprachen mit seiner Familie trifft und sich ihrer Toleranz und Unterstützung sicher ist, hat die nötige mentale Freiheit für den Tradingerfolg.

Ein weiterer wichtiger Punkt ist ein ungestörter Arbeitsplatz für Sie als Trader, egal ob Teilzeit- oder Vollzeittrader. Mehr darüber erfahren Sie im zweiten Kapitel.

Wenn Sie nicht bereit sind, viel von Ihrer kostbaren Freizeit für das Trading zu opfern, gibt es natürlich trotzdem Möglichkeiten für Sie, als Trader aktiv zu sein. Der entscheidende Punkt ist die Wahl der richtigen Tradingstrategie. Sie können bereits mit einer Stunde Zeit pro Tag erfolgreiches Trading betreiben. Im Gegensatz zum Daytrader wählen Sie dann eine längerfristige Strategie, das heißt, Sie halten Ihre Positionen einige Tage oder Wochen. Man spricht hier vom sogenannten Positionstrading, welches auch sehr lukrativ sein kann. Eine Stunde pro Tag sind bei dieser Art des Tradens meist ausreichend, um sich einen Überblick über den Markt und die eigenen Positionen zu verschaffen, Orders aufzugeben und nach guten Tradingchancen Ausschau zu halten. Zusätzlich ermöglichen Ihnen spezielle Orderarten,

Ihre Orders noch vor Börseneröffnung aufzugeben und automatisch mit einem Stoppkurs versehen zu lassen. Wie wertvoll diese sogenannten kombinierten Ordertypen sind, erfahren Sie im zweiten Kapitel.

Außerdem wird dem nebenberuflichen Trader die Arbeit immer mehr durch die mobilen Zugänge zur Tradingplattform erleichtert. Hochleistungsfähige Mobiltelefone sowie mobiles Internet machen Trading von nahezu jedem Ort dieser Welt aus möglich. Diesen Vorteil werden Sie besonders im Urlaub oder auf einer Dienstreise zu schätzen lernen. Auf der anderen Seite erfordert die ständige Zugriffsmöglichkeit auf Ihre Tradingplattform einen verantwortungsvollen und disziplinierten Umgang damit. Zu groß ist die Gefahr, spontan in die vorher gewählte Strategie einzugreifen und somit den ganzen Tradingplan über den Haufen zu werfen. In der Kaffeepause den Stand der längerfristigen Long-Position im DAX zu überprüfen, während der Markt gerade einige Punkte verliert, kann sich für einen emotional schwankungsanfälligen Trader schnell als Bumerang erweisen. Wahrscheinlich lässt er sich zu sehr von einer kurzfristigen Bewegung beeinflussen, schließt seine Long-Position, um in den nächsten Tagen zu beobachten, wie schön der Markt nach der kleinen Korrektur im Aufwärtstrend nach oben läuft. Zur Absicherung Ihrer Positionen sollten Sie stets aktiv Stoppkurse auf Ihrer Handelsplattform setzen. Die Wichtigkeit von Stoppkursen für ein erfolgreiches Trading kann nicht hoch genug eingeschätzt werden. Daher ist diesem Thema in diesem Buch ein separater Abschnitt gewidmet. Zielstellung für den nebenberuflichen Einsteiger muss eine Form des Tradings sein, die sich ohne große Einschränkungen der Lebensqualität in den normalen Alltag integrieren lässt.

Um herauszufinden, ob die angestrebte Form des Tradings zu Ihrem Alltag passt, nehmen Sie sich einen Stift und ein Blatt Papier. Schreiben Sie auf, wie und mit welchem täglichen Zeitaufwand Sie das Trading in Ihr Leben integrieren wollen. Halten Sie auch mögliche Konfliktpunkte mit Ihrem gewohnten Lebensstil fest. Schlafen Sie nun ein bis zwei Nächte darüber. Wenn Sie beim erneuten Lesen Ihrer Notizen das Trading als einen angenehmen Bestandteil Ihres Lebens empfinden, haben Sie eine für sich realisierbare Form des Handelns gefunden.

Wahl des richtigen Instruments

Als privater Händler haben Sie mittlerweile Zugang zu nahezu allen existierenden Finanzinstrumenten, von konservativ bis hochspekulativ. In dieser breiten Auswahl und dem einfachen Zugang zu diesen Produkten steckt aber auch die Gefahr, die Trader-Fahrschule mit einem Formel-1-Renner zu absolvieren.

Um dabei nicht den finanziellen Crash zu erleben, ist die Auswahl des passenden Instruments von entscheidender Wichtigkeit. Neben einer entsprechenden Kapitalausstattung sind Kenntnisse und Erfahrungen das erste Auswahlkriterium.

Egal für welches Instrument Sie sich entscheiden, Sie müssen zu 100 Prozent verstehen, was Sie handeln. Nur weil Ihnen ein guter Freund oder eine gute Freundin berichtet, dass mit dem Handeln von Futures gutes Geld zu verdienen sei, sollten Sie nicht sofort damit beginnen.

Am Anfang stehen der Erwerb der Kenntnisse und das Sammeln von Informationen über das jeweilige Finanzinstrument. Das Internet ist eine gute Quelle, um sich mit den nötigen Informationen zu versorgen. Die Websites der Banken und Broker setzen zunehmend auf eine umfassende Erläuterung und gründliche Aufklärung über

Ihre Produkte und halten umfangreiches Informationsmaterial zum Download bereit. Aber auch der klassische Weg mittels eines Sachbuches kann Sie mit dem nötigen Wissen versorgen.

Immer mehr im Kommen sind sogenannte Webinare, welche die Direktbanken und Broker ihren Kunden anbieten. Das sind zum Teil kostenfreie Onlineseminare, für die Sie sich auf der Homepage des Anbieters anmelden können. Meist ist dies möglich, ohne dass Sie gleichzeitig ein Konto eröffnen müssen.

Handelt es sich um ein interaktives Webinar, können Sie sogar direkt Ihre Fragen loswerden und erhalten vom Moderator am anderen Ende der Leitung umgehend eine Antwort. Auch wenn bei diesen Webinaren oft ein wenig Eigenwerbung des Anbieters betrieben wird, ist es eine sehr gute Möglichkeit, sich über die Funktionsweise der einzelnen Produkte zu informieren.

Wenn Sie sich nun ausreichend informiert fühlen, machen Sie einen letzten kleinen Test, bevor Sie mit dem Handeln beginnen. Stellen Sie sich vor einen Spiegel und zählen Sie alles auf, was Sie über das Finanzinstrument wissen. Alternativ können Sie es natürlich auch auf ein Blatt Papier schreiben. Sie sind nicht ins Stocken geraten und konnten alles wiedergeben, was man zum Beispiel über Futures wissen muss? Prima! Erst jetzt kann es wirklich losgehen mit dem Trading.

Im Übrigen können Sie erst jetzt den für Sie passenden Broker oder die richtige Direktbank auswählen. Denn erst wenn Sie wissen, was Sie konkret handeln wollen, können Sie die Konditionen der einzelnen Anbieter miteinander vergleichen.

Auf den folgenden Seiten erhalten Sie einen Kurzüberblick über die verschiedenen Instrumente. Er dient als ein erster Leitfaden zu Ihrer Orientierung. Vertiefen Sie danach Ihr Wissen und steigen Sie weiter in die Materie Ihres Finanzinstruments ein.

 Handeln Sie ausschließlich die Finanzinstrumente, deren Funktionsweise Sie zu 100 Prozent verstanden haben.

Ak*tien*

Die überwiegende Mehrheit der Trader sammelt ihre ersten Handelserfahrungen mit Aktien. Oft macht man sich am Anfang wenig Gedanken darüber, ob man eher ein längerfristiger Investor oder ein kurzfristiger Trader sein möchte. Im Vordergrund steht die Erzielung eines Gewinns. Die Aktie eignet sich als Instrument recht gut, um ein erstes Gefühl für die Funktionsweise der Finanzmärkte bei vertretbarem Risiko zu bekommen. Es gibt sogar Profitrader, die ausschließlich Aktien, also Anteilscheine an einer Aktiengesellschaft, handeln, weil sie die Transparenz der Kursbewegungen und des Risikos schätzen. Dabei ist das Risiko bei Aktien nicht ganz unerheblich.

Muss die Aktiengesellschaft Insolvenz anmelden, wird der Börsenkurs innerhalb kürzester Zeit in Richtung null abstürzen. Das maximale Risiko für den Aktienbesitzer ist in diesem Fall der Totalverlust des investierten Kapitals.

Verglichen mit vielen Hebelprodukten relativiert sich das Risiko jedoch wieder, da Sie bei diesen durch den Hebeleffekt deutlich mehr als Ihr eingesetztes Kapital verlieren können. Um das Risiko zu begrenzen, empfiehlt es sich zu Beginn Ihrer Traderkarriere, nur Aktien der großen Unternehmen, der sogenannten Standardwerte oder auch Blue Chips, zu handeln. Die Gefahr einer Pleite ist hier deutlich geringer, wenn auch nie völlig auszuschließen. Was dem Investor oft den Schweiß auf die Stirn treibt, ist für den Trader das Salz in der Suppe – die täglichen Kursschwankungen.

Von diesen Kursschwankungen lebt der Aktienhändler. Gekauft wird in Erwartung steigender Kurse, um dann wieder zu verkaufen. Die Differenz aus niedrigem Einstiegskurs und höherem Verkaufskurs ist der Gewinn für den Händler, natürlich noch abzüglich der Transaktionsgebühren.

Die Kursentwicklung einer Aktie ist das Produkt von Angebot und Nachfrage. Wollen viele die Aktie haben, steigt der Kurs und umgekehrt. Die Meinung der Marktteilnehmer wird dabei von vielen Faktoren beeinflusst. Neben den Nachrichten über die Geschäftsentwicklung des Unternehmens spielen auch die gesamtwirtschaftliche Situation sowie die generelle Stimmung an den Finanzmärkten eine wichtige Rolle.

Ein erwähnenswerter Nachteil ist, dass Sie mit Aktien in der Regel nur von steigenden Kursen profitieren können. Fallen die Kurse und Sie haben Aktien gekauft, entstehen mit dem Unterschreiten Ihres Kaufkurses Verluste, die Sie stets begrenzen müssen. Dazu werden Sie im Laufe dieses Buch noch mehr erfahren.

Die einzige Möglichkeit, um mit Aktien bei fallenden Kursen Geld zu verdienen, sind die sogenannten Leerverkäufe. Der Händler verkauft dabei Aktien zum aktuellen Kurs, ohne diese wirklich zu besitzen. Zu einem späteren, fest vereinbarten Zeitpunkt muss er der Gegenpartei des Geschäfts die Aktien liefern. Steht der Kurs dann deutlich tiefer, also unter seinem Verkaufspreis, stellt die Differenz den Handelsgewinn dar.

Diese Form des Tradings wird jedoch in Deutschland für private Trader nur sehr eingeschränkt angeboten und sollte nur von sehr erfahrenen Händlern praktiziert werden.

Haben Sie sich mit dem klassischen Aktienhandel Ihre ersten Lorbeeren verdient, können Sie die Nutzung der folgenden Instrumente in Erwägung ziehen.

*An*leihen

Von Tradern oft ein wenig links liegen gelassen werden Anleihen. Als Besitzer einer Anleihe leihen Sie dem Herausgeber der Anleihe, dem Emittenten, Ihr Geld.

Sie sind also bei einer Unternehmensanleihe Gläubiger der Firma. Im Gegenzug dafür bekommen Sie einen in den Anleihebedingungen festgelegten Zinssatz gezahlt. Die meisten Anleihen haben auch einen bestimmten Fälligkeitstermin.

Der Emittent verpflichtet sich, an diesem Tag die Anleihe zu einem vorher festgelegten Kurs zurückzuzahlen. Die überwiegende Mehrzahl der Anleihen wird an den Börsen gehandelt, auch hier verändert sich das Verhältnis von Angebot und Nachfrage ständig. Dies schlägt sich in den Kursveränderungen nieder, von denen der Händler von Anleihen zu profitieren versucht. Außer den Unternehmensanleihen machen die Staatsanleihen einen sehr großen Teil des Anleihemarktes aus.

Staaten beschaffen sich durch die Herausgabe von Anleihen Geld am Kapitalmarkt. Das Risiko, welches der Anleihebesitzer trägt, ist mit dem Risiko des Aktionärs vergleichbar. Auch hier kann es zum Totalverlust des Kapitals kommen, wenn der Emittent zahlungsunfähig wird. Dies kann sogar bei Staatsanleihen passieren, wie es das Beispiel Argentinien aus dem Jahre 2001 zeigt. Doch warum finden Anleihen bei privaten Tradern eher wenig Anklang? Zum einen sind die Kursschwankungen prozentual nicht so ausgeprägt wie bei Aktien. Sie müssen also mit deutlich höheren Positionsgrößen agieren, um den gleichen nominalen Gewinn zu erzielen, wie es mit den schwankungsfreudigeren Aktien möglich ist.

Die erforderlichen Kapitalgrößen, um Anleihen effizient zu traden, erreichen schnell sechsstellige Dimensionen und übersteigen damit die finanziellen Möglichkeiten der meisten privaten Trader. Daher fristen Anleihen bei diesen nur ein Schattendasein.

Derivate

Einem Derivat liegt stets ein Basiswert zugrunde, auf dessen Kursentwicklung sich das Derivat bezieht. Außer vom Basiswert spricht man auch von einem Underlying. Bewegt sich also der Kurs des Underlyings, kommt es ebenfalls zu einer Kursbewegung im davon abgeleiteten Derivat. Der Begriff Derivat stammt aus dem Lateinischen, wo „derivare" so viel wie „ableiten" bedeutet.

Zertifikate

Kaum ein anderes Segment von Finanzinstrumenten hat sich in den letzten Jahren so rasant entwickelt wie das der Zertifikate. Die Namen der einzelnen Produkte sind dabei so exotisch wie deren Konstruktion. Trotzdem erfreut sich der Zertifikatemarkt in Deutschland sehr großer Beliebtheit. Nach Angaben des Deutschen Derivate Verbandes (DDV) lag das Gesamtvolumen des deutschen Zertifikatemarktes Ende Mai 2010 bei 106,5 Milliarden Euro.

Doch was sind eigentlich Zertifikate und warum sind sie bei Anlegern und Tradern so beliebt? Mit einen Zertifikat kann der Besitzer an der Kursentwicklung anderer Wertpapiere und Finanzprodukte teilhaben. Das einfachste Beispiel ist ein Indexzertifikat auf einen bestimmten Index wie beispielsweise den DAX.

Steigt der DAX, dann steigt auch Ihr Zertifikat und umgekehrt. Auf diese Art und Weise können Sie auf die Kursentwicklung verschiedenster Basiswerte spekulieren wie zum Beispiel Aktienindizes, Rohstoffe, Währungen oder Renten. Natürlich finden Sie am Zertifikatemarkt auch Papiere, mit denen Sie relativ einfach auf eine negative Wertentwicklung der genannten Basiswerte setzen können – ein großer Vorteil für alle Trader. Die erdrückende Vielfalt der Möglichkeiten stellt an den Trader jedoch hohe Anforderungen an das Wissen um die Funktionsweisen der verschiedenen Zertifikatetypen. Hier gilt ganz besonders die Devise: Kaufen Sie ein Zertifikat nur, wenn Sie es richtig und vollständig verstanden haben. Bevor Sie ein Zertifikat erwerben, sollten Sie grundsätzlich immer einen Blick auf die Bonität des Emittenten werfen. Betrachtet man die rechtliche Seite, handelt es sich bei Zertifikaten um Inhaberschuldverschreibungen. Sollte der Emittent eines Zertifikats insolvent werden, kann das Zertifikat einen Totalverlust erleiden, obwohl der zugrunde liegende Basiswert sich genau in Ihre gewünschte Richtung entwickelt.

Ein solches Szenario ist nicht völlig unwahrscheinlich, wie es die Pleite der amerikanischen Investmentbank Lehman Brothers aus dem Jahre 2008 zeigt. Zertifikate zeichnen sich neben dem Kursrisiko also noch durch das Risiko des Emittenten aus. Suchen Sie sich daher den Emittenten Ihrer Zertifikate sehr sorgfältig aus und behalten Sie das Rating, welches er von Ratingagenturen wie Standard & Poor's bekommt, im Auge.

Beim Kauf von Zertifikaten haben Sie die Wahl zwischen dem direkten Handel mit dem Emittenten und dem Handel an der Börse. Die Vorteile des Direkthandels sind die längere Handelszeit sowie die permanente Kursstellung durch den Emittenten. Für den Börsenhandel spricht der einfache Zugang, der über jede Direktbank beziehungsweise jeden Broker möglich ist.

Durch die letzte Finanzkrise im Jahr 2008 ist das Anlagesegment der Zertifikate zum Teil zu Unrecht in die Kritik gekommen. Die Mehrheit der Zertifikate stellt durchaus sinnvolle Instrumente dar, um an den Kursentwicklungen verschiedenster Märkte teilzuhaben. So gewähren

Sie dem privaten Trader Zugang zu Marktsegmenten, auf die er ohne die Existenz von Zertifikaten kaum eine Zugriffsmöglichkeit hätte.

Ein Beispiel dafür ist der Rohstoffmarkt. So können Sie als privater Trader ein Zertifikat auf den steigenden Ölpreis kaufen und mit den hier erzielten Kursgewinnen Ihre wahrscheinlich gleichzeitig steigende Heizölrechnung finanzieren. Clever und risikobewusst eingesetzt, können Sie mit dem Handel von Zertifikaten auf verschiedenste Basiswerte gute Gewinne erwirtschaften.

Hebelprodukte

Die sogenannten Hebelprodukte stellen eine besondere Klasse der derivativen Finanzinstrumente dar. Ihnen gemeinsam ist, dass der Trader schon mit kleinen Geldbeträgen überproportional von der Kursbewegung einer Aktie, eines Index oder auch von Rohstoffen profitieren kann. Er hebelt also sein eingesetztes Kapital.

Ist das Hebelprodukt beispielsweise mit einem Hebel von Zehn ausgestattet, wird sich bei einer Kursveränderung des Basiswertes um ein Prozent der Kurs des Hebelprodukts um zehn Prozent bewegen.

Der Hebel gibt an, um wie viel Prozent sich ein Hebelprodukt bewegt, wenn der zugrunde liegende Basiswert sich um ein Prozent verändert.

Beim Handel mit Hebelprodukten haben Sie einerseits hohe Gewinnchancen, auf der anderen Seite aber auch hohe Verlustrisiken. Hebelprodukte eignen sich nur für erfahrene Trader.

Der Klassiker unter den Hebelprodukten ist der Optionsschein. Der Besitzer eines Optionsscheins hat das Recht, einen bestimmten Basiswert zu einem vorher festgelegten Basispreis während oder zum Ende der Laufzeit entweder zu kaufen oder zu verkaufen. Ein Kaufoptionsschein wird als Call, ein Verkaufsoptionsschein als Put bezeichnet. Der Preis des Optionsscheins ist zum einen von der Wertentwicklung des Basiswertes, zum anderen aber auch von zusätzlichen Faktoren wie dem Zeitwert und dem inneren Wert der Option abhängig.

Hinzu kommt der Einfluss der Volatilität, sprich, der Schwankungsintensität des Basiswertes. Durch diese zahlreichen Einflussgrößen stimmt der Kursverlauf eines Optionsscheins nicht eins zu eins mit dem des Basiswerts überein. Bevor Sie mit dem Traden von Optionsscheinen beginnen, müssen Sie sich daher genauestens über die Funktionsweise und die Preisbildung von Optionsscheinen informieren. Die Lektüre von Fachliteratur ist hier Pflicht.

Eine weitere Klasse der Hebelprodukte bilden die Mini-Futures. Auch den Mini-Futures liegt ein bestimmter Basiswert zugrunde. Dabei können Sie mit einem Mini-Future Long auf steigende Kurse des Basiswertes, mit einem Mini-Future Short auf fallende Preise im Basiswert setzen. Ein wichtiger Unterschied zum Optionsschein ist, dass die Volatilität keinen Einfluss auf die Kursentwicklung des Mini-Futures hat. Dadurch wird die Preisbildung für den Trader transparenter. Ein zusätzliches Merkmal eines Mini-Futures ist die Knock-out-Barriere. Erreicht der Kurs diese Marke, kommt es zum Knock-out-Ereignis, die ansonsten unbegrenzte Laufzeit des Mini-Futures endet automatisch. Der vorhandene Restbetrag wird vom Emittenten berechnet und dem Trader ausgezahlt. Auch hier ist ein Totalverlust des eingesetzten Kapitals möglich. Daher liegt es wieder am Trader selbst, sich vorher intensiv mit dem Thema Mini-Futures zu beschäftigen.

Eine dritte und außerordentlich beliebte Variante der Hebelprodukte sind die Turbos. Ihre Funktionsweise ähnelt der von Mini-Futures. Wenn Sie von steigenden Kursen des Basiswertes ausgehen, kaufen Sie einen Turbo-Bull. Bei fallenden Kursen kaufen Sie einen Turbo-Bear.

Die Begriffe Bull beziehungsweise Bear stehen für die englischen Ausdrücke für Bulle und Bär. Ein zentraler Unterschied ist, dass die Laufzeit von Turbos von vornherein begrenzt ist. Trotzdem kann die Laufzeit auch bei den Turbos durch ein vorzeitig auftretendes Knock-out-Ereignis abrupt enden. Dies bedeutet dann den Totalverlust des eingesetzten Kapitals. Informieren Sie sich also bitte umfassend darüber, bevor Sie Turbos handeln.

> Börsianer sprechen von einem Bullenmarkt, wenn die Kurse steigen. Die Stimmung am Markt ist dann „bullish". In einem Bärenmarkt fallen die Kurse, die Börsianer sind dann „bearish" gestimmt. Die Begriffe Bulle und Bär gehen auf von kalifornischen Goldgräbern organisierte Schaukämpfe zwischen den beiden Tieren zurück. Der Bulle versuchte seinen Gegner dabei mit seinen Hörnern von unten nach oben zu bekämpfen, das Sinnbild für steigende Kurse. Der Bär dagegen schlug mit seinen Tatzen von oben nach unten, bildhaft für fallende Kurse.
> Etwas weniger blutrünstig sind die französischen Begriffe „Hausse" und „Baisse".
> In einer Hausse steigen die Kurse stark an, in einer Baisse dagegen fallen sie.

CFDs

Eine in den letzten Jahren immer populärer werdende Form der Derivate sind die Contracts for Difference, kurz CFDs. Es handelt sich um Differenzkontrakte, der Gewinn errechnet sich aus der Differenz zwischen An- und Verkaufskurs.

CFDs können Sie sowohl kaufen als auch verkaufen, Sie können damit also long oder short gehen.

CFD-Kontrakte haben keine Laufzeitbegrenzung und auch keine Kursbarriere, wo sie wertlos verfallen könnten. Der Kurs eines CFDs entspricht nahezu immer eins zu eins dem Kurs des Basiswerts. CFDs können Sie in Deutschland über spezielle CFD-Broker handeln. Die Hebelwirkung von CFDs kommt durch die Höhe der Margin zustande. Dies ist die Sicherheitsleistung, welche Sie in bar auf Ihrem CFD-Konto zur Verfügung haben müssen. Der Hebel wirkt dabei wie bei allen Hebelprodukten in beide Richtungen. Sowohl Ihre Gewinne als auch Ihre Verluste werden gehebelt. Dadurch ist es beim CFD-Handel im Extremfall möglich, dass die Verluste das eingesetzte Kapital übersteigen, was eine Nachschusspflicht für den Trader zur Folge hat.

> **!** Die Margin ist eine Sicherheitsleistung beim Handel mit gehebelten Produkten. Beträgt die Margin zum Beispiel ein Prozent, müssen Sie nur ein Prozent Ihres Positionswertes in bar auf dem Konto zur Verfügung haben. Bei einer Positionsgröße von 5.000,- Euro genügen also 50,- Euro, um die Position zu eröffnen. Die Höhe der Margin ist abhängig von den Konditionen Ihres Brokers sowie der Art des gehandelten Hebelproduktes.

CFDs gibt es auf verschiedenste Basiswerte wie Aktien, Indizes, Währungen und Rohstoffe. Ein entscheidender Vorteil von CFDs ist die Transparenz der Preisbildung. Ein Blick auf den Kurs des Basiswertes, und Sie wissen, was ein CFD auf diesen Basiswert kosten wird. Wenn Sie als Trader den Handel auf Margin verinnerlicht haben und konservativ mit der Hebelwirkung umgehen, sind CFDs für den privaten Trader eine echte Alternative gegenüber den in der Preisbildung intransparenteren Produkten wie zum Beispiel den Optionsscheinen.

Folgendes Beispiel vergleicht den klassischen Aktienhandel mit dem Handel von CFDs und demonstriert Ihnen eindrucksvoll die Wirkung eines Hebels.

Sie haben sich entschieden, eine Long-Position in BASF einzugehen. Daher kaufen Sie 100 BASF-Aktien zum Kurs von 45,00 Euro. Für Sie als Aktienkäufer sieht die Rechnung daher wie folgt aus:

Kauf 100 BASF-Aktien zu 45,00 Euro	4.500,- Euro
Notwendiges Eigenkapital (100 %)	4.500,- Euro

Der Kurs steigt nun auf 47,00 Euro und Sie beschließen, den Gewinn in der Aktienposition mitzunehmen.

Verkauf 100 BASF-Aktien zu 47,00 Euro	4.700,- Euro
Bruttogewinn	200,- Euro

Der Bruttogewinn für den Aktionär beläuft sich auf + 4,44 Prozent auf das eingesetzte Kapital.

Die zweite Möglichkeit, von steigenden Kursen bei BASF zu profitieren, ist der Kauf von 100 CFDs auf die BASF-Aktie bei 45,00 Euro.

Kauf 100 CFDs auf BASF zu 45,00 Euro	4.500,- Euro
Notwendiges Eigenkapital (bei 5 % Margin)	225,- Euro

Auch hier wird die Position bei 47,00 Euro glattgestellt und der Gewinn realisiert.

Verkauf 100 CFDs auf BASF zu 47,00 Euro	4.700,- Euro
Bruttogewinn	200,- Euro

Der CFD-Trader kann einen Bruttogewinn von + 88,88 Prozent auf sein eingesetztes Kapital verbuchen. Da der CFD-Trader nur fünf Prozent vom Wert der Position als Eigenkapital aufbringen musste, ist sein Gewinn 20 Mal höher als der Gewinn des Aktionärs. Der Hebel bei diesem CFD-Trade beträgt also 20. Doch Vorsicht, dieser Hebel wirkt im Falle eines Verlustes in gleicher Höhe wie im Gewinnfall. Deswegen sind Stoppkurse im CFD-Handel unverzichtbar.

Futures

Der Futurehandel wird auch als die Königsklasse des Tradings bezeichnet. Bei einem Future handelt es sich um einen sogenannten Terminkontrakt. Der Käufer verpflichtet sich gegenüber dem Verkäufer, eine bestimmte Anzahl eines bestimmten Basiswertes zu einem festgelegten Preis an einem festen Termin in der Zukunft abzunehmen. Umgekehrt hat der Verkäufer eine Lieferverpflichtung. In Abhängigkeit von den Basiswerten wird zwischen Finanzterminkontrakten und Warenterminkontrakten unterschieden.

Bei den Finanzterminkontrakten, auch Financial-Futures genannt, sind Aktienindizes, Währungen oder auch Zinsen die Basiswerte. Den Warenterminkontrakten, auch Commodity-Futures genannt, liegen reale Produkte wie Rohstoffe oder landwirtschaftliche Erzeugnisse zugrunde.

Ein beliebtes Handelsobjekt bei Tradern in Deutschland ist der DAX-Future. Mit dem DAX-Future wettet der Trader auf einen bestimmten Stand des DAX an einen bestimmten Tag, dem Verfallstag. Diese Verfallstage sind jeweils der dritte Freitag in den Monaten März, Juni, September und Dezember. Der Handelsort für den DAX-Future ist die European Exchange, kurz Eurex genannt, eine der weltweit größten Terminbörsen. Natürlich muss der Trader nach dem Kauf oder

Verkauf eines DAX-Future seine Positionen nicht bis zu diesen Verfallsterminen halten. Er kann zu den täglichen Handelszeiten sekündlich seine Positionen öffnen und wieder schließen. Der Wert eines DAX-Future-Kontraktes verändert sich um 25,00 Euro je ein Punkt Veränderung im Future. Hat ein Trader beispielsweise einen DAX-Future bei 6.000 Punkten gekauft, der Kurs steigt anschließend auf 6.050 Punkte und er schließt dann seine Position, so beträgt sein Bruttogewinn 1.250,00 Euro (50 x 25,00 Euro). Ebenso kann er von fallenden Kursen profitieren. Verkauft er einen DAX-Future bei 6.000 Punkten und stellt seine Position bei 5.950 glatt, so erzielt er ebenfalls einen Bruttogewinn von 1.250,00 Euro. Für den Handel von Futures muss der Trader ebenfalls eine bestimmte Sicherheitsleistung auf seinem Konto hinterlegen. Diese variiert von Broker zu Broker. Mit dem Handel von DAX-Futures sollten sich allerdings nur Trader beschäftigen, die über die entsprechenden finanziellen Mittel verfügen, da ein Verlust von 100 Punkten im Future bereits einen Verlust von 2.500,- Euro bedeutet. Ein 15.000-Euro-Konto ist hier als die absolute Untergrenze anzusehen, um mit einer vernünftigen Strategie dauerhaft im Future-Markt erfolgreich sein zu können. Auf der Habenseite stehen für den Trader eine faire Kursfeststellung sowie eine hohe Liquidität.

*De*visen

Der Devisenmarkt wird im Englischen als Foreign Exchange Market oder kurz Forex beziehungsweise FX Market bezeichnet. Diese Abkürzungen sind auch in Deutschland gebräuchlich. Der Trader am Devisenmarkt versucht von den Schwankungen der Wechselkurse der einzelnen Währungen zu profitieren. Dabei trifft er auf die ganz großen Marktteilnehmer wie die Zentralbanken, internationale Kreditinstitute oder global agierende Unternehmen, die in vielen Währungsräumen aktiv sind. Daher ist der Devisenmarkt gemessen an seinen Umsätzen der größte Finanzmarkt der Welt und damit gleichzeitig einer der liquidesten. Da es keine speziellen Devisenbörsen gibt, werden Devisen auf der ganzen Welt gehandelt. Aufgrund der zeitlichen Verschiebung ist der Devisenhandel von Sonntagabend bis Freitagabend mitteleuropäischer Zeit rund um die Uhr möglich. Am häufigsten werden dabei die großen Leitwährungen US-Dollar, Euro, Yen sowie das Britische Pfund und der Schweizer Franken gehandelt.

Die Wechselkurse der Währungen notieren mit mehreren Stellen nach dem Komma. Beim Währungspaar Euro gegen US-Dollar sind es zum Beispiel vier Nachkommastellen. Die vierte Nachkommastelle wird in der Händlersprache als „Pip" bezeichnet. Bewegt sich der Kurs also von 1,2504 auf 1,2505, dann hat er sich um einen „Pip" bewegt. Über die Plattformen von Forex-Brokern kann auch der private Trader ein Konto eröffnen und am Devisenhandel teilnehmen. Dabei handelt es sich auch hier um den Handel auf Margin, der Trader muss also nur einen Bruchteil seiner gehandelten Positionsgröße auf seinem Konto hinterlegen.

Üblich sind zum Beispiel ein Prozent Margin, was wiederum einem Hebel von 100 entspricht. Auch wenn der Devisenmarkt nichts für Tradingneulinge ist, kann er für den erfahrenen Trader durchaus eine interessante Alternative darstellen. Wie bei jedem Margin-Handel ist ein konsequentes Risikomanagement Pflicht.

Auswahl des Brokers bzw. der Bank

In den letzten Jahren hat sich die Anzahl der Broker beziehungsweise Banken, welche speziell um die Zielgruppe der Trader werben, in Deutschland stark erhöht.

Crashkurs Trading / 44

Mit der gestiegenen Zahl der Anbieter hat auch ein verstärkter Wettbewerb bei den Gebühren eingesetzt. Für Sie als Trader bedeutet das zum einen eine größere Auswahl, zum anderen auch teils deutlich günstigere Gebühren als noch vor einigen Jahren. Daher lohnt sich für Sie ein intensiver Vergleich von Preisen und Konditionen. Besonders wichtig ist jedoch, dass Sie sich vor der Entscheidung für einen Broker beziehungsweise eine Bank im Klaren darüber sind, welches Finanzinstrument Sie traden möchten und wie häufig Sie handeln werden. Haben Sie sich zum Beispiel entschieden, CFDs zu traden, können Sie ganz gezielt die Konditionen der Broker im CFD-Handel miteinander vergleichen. Wollen Sie Daytrading betreiben, also mehrmals am Tag Positionen schließen und öffnen, spielen die Gebühren aufgrund der Häufigkeit des Handels eine entscheidende Rolle. Halten Sie dagegen Positionen mehrere Tage oder Wochen, haben also eine deutlich geringere Anzahl an Handelsbewegungen, werden die Transaktionskosten für Sie keine zu große Kostenposition darstellen.

Für einen gezielten Vergleich empfiehlt sich natürlich die Recherche im Internet. Dort können Sie mit wenigen Mausklicks auf den Websites der Anbieter Preise und Konditionen vergleichen. Doch unabhängig davon, ob Sie Ihre Recherche im Internet durchführen oder gedruckte Allgemeine Geschäftsbedingungen miteinander vergleichen: In beiden Fällen sollten Sie auch das Kleingedruckte lesen, denn oft finden sich dort für Sie wichtige Informationen. Unabhängig von der Art des gehandelten Instruments und der Häufigkeit folgen nun die wichtigsten Kriterien für Ihre Auswahl im Überblick.

Gebühren

Folgende Gebühren können, abhängig vom gehandelten Instrument, anfallen:

- Gebühren für Konto- und Depotführung
- Transaktionsgebühren (Kosten für Eröffnung und Schließung einer Position)
- Gebühren für Orderstreichung und -änderung
- Gebühren für bestehende Limitorders bei Nichtausführung (meist monatliche Gebühr)
- Finanzierungskosten beim Marginhandel (Beispiel CFDs)
- sonstige Kosten bzw. Spesen

Mindesteinzahlung und Höhe der Margin

Speziell bei Brokern wird für die Eröffnung eines Tradingkontos oft eine bestimmte Mindesteinlage verlangt. Diese kann von wenigen Hundert bis zu einigen Tausend Euro betragen. Möchten Sie sogenannten Marginhandel betreiben, lohnt sich ein Blick auf die Höhe dieser geforderten Sicherheitsleistung. Aus der Marginhöhe ergibt sich auch der Hebel, mit dem Sie traden.

Zugangswege und Erreichbarkeit

Der Standardzugang zur Handelsplattform erfolgt bei nahezu allen Anbietern über einen handelsüblichen PC und eine Onlineverbindung mit dem World Wide Web.

Bei einigen Anbietern müssen Sie die Handelssoftware auf Ihrem Rechner installieren, erst dann ist ein Zugang möglich. Handeln können Sie dann von jedem Rechner aus, auf dem diese Software installiert ist. Dies erweist sich dann als Nachteil, wenn Sie Ihre Positionen auf einem fremden Rechner überprüfen möchten.

Da Sie selten die Möglichkeit haben, beispielsweise auf dem Rechner in der Hotellobby Ihre Handelssoftware zu installieren, sollte Ihr

Broker zusätzlich den Zugang über ein Webportal ermöglichen. Erst dann können Sie von nahezu jedem internetfähigen Rechner dieser Welt aus zu Ihrer Tradingplattform gelangen. Fragen Sie Ihren Broker nach beiden Varianten. Wenn Sie viel unterwegs sind, bietet sich natürlich der Zugang über mobile Endgeräte wie dem Mobiltelefon an. Für ein schnelles Überprüfen der Positionen und das Anpassen des Stoppkurses taugt der kleine Bildschirm eines Mobiltelefons allemal. Für ausführliche und fundierte Chartanalysen sind diese Geräte jedoch ungeeignet. Hier bleibt der PC beziehungsweise Laptop erste Wahl.

Aber auch der beste Rechner kann einmal abstürzen oder die Straßenbaufirma durchtrennt das Kabel bei Erdarbeiten vor Ihrer Haustür. Was nun? Jetzt schlägt die Stunde des Telefons. Daher sollte Ihr Broker während der gesamten Handelszeit einen telefonischen Service zur Entgegennahme Ihrer Orders anbieten. All jene Trader, denen so etwas schon einmal bei einer offenen Position, womöglich ohne gesetzten Stoppkurs, passiert ist, wissen diese Möglichkeit zu schätzen. Die Kosten für die telefonische Orderaufgabe sollten dabei nicht deutlich über den Kosten für eine Onlineorder liegen.

Ein weiterer Blick lohnt sich auf die Handelszeiten, das heißt wann Sie in welchem Markt handeln können. Speziell der Vergleich der Handelszeiten vor und nach den regulären Börsenöffnungszeiten ist hier von Interesse. So kann zum Beispiel der DAX bei vielen Anbietern auch noch nach dem Präsenzbörsenschluss gehandelt werden.

Als Basis für die Kursfeststellung dient dann meist der DAX-Future. So können Sie als Trader auch noch auf die Entwicklung der US-Börsen reagieren, wobei die Umsätze im nachbörslichen Handel meist geringer als zur Präsenzbörsenzeit sind. Generell kann man sagen, je länger die Handelszeit bei verlässlicher und fairer Kursstellung, umso besser für den Trader. So kann er die Zeitspanne selbst wählen, in der er sich ausschließlich dem Trading widmen möchte.

Einlagen*sicherung*

Spätestens seit der letzten Finanzkrise ist die Einlagensicherung ein wichtiges Thema, denn auch wir in Deutschland mussten erkennen: Finanzinstitute können durchaus pleitegehen. Um den Privatkunden vor dem Verlust seines Geldes zu schützen, gibt es verschieden Sicherungssysteme, die in solch einem Fall wirksam werden. Dabei ist es wichtig für Sie zu wissen, welches Einlagensicherungssystem greift und in welcher Höhe Ihre Einlagen abgesichert sind. Viele Broker, die in Deutschland Tradingkonten anbieten, haben ihren Firmensitz nicht in der Bundesrepublik. Dies muss kein Nachteil sein, jedoch sollten Sie sich vorher genau darüber informieren, bis zu welcher Höhe Ihr Tradingkapital und Ihre offenen Positionen über das zuständige Einlagensicherungssystem abgesichert sind. Stellen Sie Ihrem zukünftigen Broker also ruhig die Frage, was passiert, wenn er beziehungsweise die kontoführende Bank zahlungsunfähig wird. Idealerweise sollte natürlich Ihr komplettes Tradingkapital abgesichert sein.

Haben Sie einen Broker gefunden, der für Ihre Tradingstrategie exzellente Konditionen offeriert, bei dem die Einlagensicherung aber nur bis 50.000,- Euro greift, sollten Sie auch nicht mehr als diese 50.000,- Euro einzahlen. Außerdem empfiehlt es sich, entstandene Gewinne regelmäßig abzuschöpfen. Oft findet sich ein zweiter Anbieter mit ähnlich guten Konditionen, wo Sie Ihr restliches Tradingkapital einzahlen können. Zwei Broker bedeuten zwar einen höheren Aufwand bei der Verwaltung und Verbuchung aller Tradingvorgänge, ermöglichen Ihnen aber auch, zwei voneinander unabhängige Strategien zu handeln. So können Sie durchaus bei einem Broker auf eine längerfristige Aufwärtsbewegung einer Aktie setzen, bei einem zweiten Broker können Sie mit dieser Aktie dagegen schnelle Tagesbewegungen handeln.

! Die gesetzlichen Einlagensicherungssysteme dienen dem Schutz der Bankguthaben von Kunden bei Kreditinstituten für den Fall einer Insolvenz. Je nach den Regelungen des Landes, wo die Bank ihren Hauptsitz hat, variiert der Anteil des geschützten Kapitals sowie der garantierten Höchstbeträge im Entschädigungsfall. Neben der gesetzlichen Einlagensicherung gibt es noch die freiwilligen Einlagensicherungsfonds der Banken.

Verlässlichkeit der *Kursstellung*

Viele Broker treten als sogenannte Market-Maker auf. Das bedeutet, dass die Kurse von ihnen zum Teil selbst gestellt werden. Bei einer Aktie ist also nicht der gerade zum Beispiel an der Frankfurter Präsenzbörse gestellte Kurs relevant, sondern der gestellte Kurs des Brokers. Natürlich orientiert sich dieser Kurs an dem Kurs der umsatzstärksten Börsen und die Abweichungen sind meist sehr gering.

Trotzdem kann es vorkommen, dass in Extremsituationen diese Abweichung größer wird oder der Broker gar die Notiz eines Papieres zeitweise einstellt. Besonders groß ist diese Gefahr bei Hebelprodukten mit der Preisstellung durch den Emittenten. Bei schnellen und großen Kursausschlägen kann es durchaus passieren, dass vorübergehend nur zeitverzögert oder für eine kurze Zeit gar keine Kurse gestellt werden. Einen kleinen Eindruck über die Verlässlichkeit der Kursstellung können Sie sich beim oft kostenfreien Test der Handelsplattformen verschaffen. Hilfreich sind hier Erfahrungen anderer Trader mit dem jeweiligen Anbieter. In Internetforen findet man oft wertvolle Hinweise, wenn auch der ein oder andere erfolglose Trader dort seinem Frust freien Lauf lässt und die Schuld für seine Verluste beim Broker sucht.

Sie sollten Ihren zukünftigen Broker unbedingt fragen, wie bei ihm die Kurse gestellt werden und wie die Kursversorgung realisiert wird. Bei den etablierten Online-Banken, die den Handel direkt an den deutschen Börsen abwickeln, sind oben genannte Probleme noch seltener, da die Bank meist nicht selbst als Market-Maker auftritt.

Bei dieser Gelegenheit können Sie den Broker außerdem über die Höhe des Spreads des Instruments befragen, welches Sie handeln möchten. Der Spread ist die sogenannte Spanne zwischen An- und Verkaufskurs. Notiert ein Papier zum Beispiel 50,50/50,75 Euro, können Sie das Papier zu 50,75 Euro kaufen und zu 50,50 Euro verkaufen. Man spricht hier auch vom Geld- beziehungsweise Briefkurs oder im Englischen von Bid- und Ask-Preisen. Je geringer die Spanne zwischen beiden Kursen ist, umso fairer ist die Preisstellung für den Trader.

Zu guter Letzt sind für den Trader Realtime-Kurse das Maß aller Dinge. Realtime-Kurse bedeuten, Sie sehen den Kurs, der gerade in diesem Moment gehandelt wird. Reichen dem langfristigen Investor Kurse, die einige Minuten zeitverzögert sind, so benötigt der kurzfristige Daytrader Echtzeitkurse, um erfolgreich handeln zu können. Broker und Direktbanken stellen Ihren Kunden diese Kurse in der Regel kostenfrei zur Verfügung.

Immer mehr werben Broker auch mit dem sogenannten außerbörslichen Handel. Hier wird die Transaktion nicht über die Börse direkt,

> **!** Der Geldkurs (Englisch „bid") ist der Kurs, zu dem ein Marktteilnehmer bereit ist, ein bestimmtes Wertpapier zu kaufen. Zum Briefkurs (Englisch „ask") gibt es einen Marktteilnehmer, der bereit ist, seine Stücke dieses Wertpapiers zu verkaufen. Die Differenz zwischen diesen beiden Kursen wird als Geld-Brief-Spanne oder als Spread bezeichnet.

sondern zwischen zwei Finanzmarktteilnehmern abgewickelt. Man spricht hier vom sogenannten OTC-Handel. OTC steht für den englischen Begriff „Over The Counter", was sich mit „Über den Tresen" übersetzen lässt. Bei Zertifikaten haben Sie beim OTC-Handel die Möglichkeit, beispielsweise direkt mit dem Emittenten oder Makler zu handeln. Auf Ihre Kauf- oder Verkaufsanfrage bekommen Sie dann einen Kurs gestellt, den Sie innerhalb einiger Sekunden bestätigen können. Den Vorteilen beim außerbörslichen Handel wie Schnelligkeit und Flexibilität stehen aber auch gelegentlich Nachteile wie geringere Kontrolle und Liquidität und zum Teil höhere Spreads gegenüber. Der außerbörsliche Handel kann eine gute Möglichkeit sein, um auf besondere Marktentwicklungen zu reagieren. Er sollte für den Trader jedoch eher als Ergänzung zu den Haupthandelszeiten gesehen werden.

Sonstige Serviceleistungen

Auch hier lohnt ein Vergleich. Ein kostenloses Chartprogramm liefern mittlerweile fast alle Anbieter. Sehr groß sind aber die Unterschiede bei den Funktionalitäten dieser Programme. Können Sie bei einfachen Programmen gerade einmal ein paar Trendlinien einzeichnen, so ermöglicht Ihnen eine umfangreichere Chartsoftware eine große Auswahl von Indikatoren mit verschiedensten, frei wählbaren Einstellungen.

Hinzu kommt die Versorgung mit aktuellen News und den wichtigen Wirtschaftsdaten, die gerade für Daytrader relevant sind. Auch das sollte für Sie kostenfrei erfolgen. Oft bieten Ihnen die Broker zusätzlich tägliche Newsletter und Marktanalysen an. Diese Informationen können Sie nutzen, um sich einen Überblick über die derzeitige Situation am Markt zu verschaffen und Ihr Wissen zu erweitern.

Ein sehr wichtiger Punkt sind die angebotenen Orderarten. Auch hier sind die Unterschiede zum Teil erheblich. Einen Überblick über die wichtigsten Orderarten können Sie sich im zweiten Kapitel verschaffen. Haben sich die für Ihre Strategie notwendigen Orderarten herauskristallisiert, können Sie gezielt prüfen, ob diese vom jeweiligen Broker angeboten werden. Erst dann können Sie die von Ihnen gewählte Strategie optimal umsetzen, gerade wenn Sie nebenberuflich traden möchten und daher zum Beispiel kombinierte Orderarten dringend benötigen.

Wenn jetzt all Ihre Anforderungen erfüllt sind und das Preis-Leistungs-Verhältnis stimmt, haben Sie den Broker beziehungsweise die Bank Ihrer Wahl gefunden.

Die Kontoeröffnung ist dann meist eine sehr unkomplizierte Angelegenheit. Meist lässt sie sich online erledigen, lediglich die persönliche Legitimation ist mit einem gewissen Aufwand verbunden. Um Ihre Identität zweifelsfrei festzustellen, gehen Sie mit dem sogenannten Postident-Formular zur nächsten Postfiliale. Dort stellt der Postangestellte Ihre Identität fest und bestätigt dies mit seiner Unterschrift.

Das unterschriebene Postident-Formular wird nun zusammen mit Ihrem Kontoeröffnungsantrag per Brief an die Bank geschickt. Gerade bei Direktbanken und Onlinebrokern ist dies eine sehr gängige und sichere Methode für beide Seiten.

Die Bank kommt Ihrer Verpflichtung der Identitätsprüfung des Kontoinhabers nach und Sie können sicher sein, dass keine andere Person auf Ihren Namen ein Konto eröffnen kann.

Kapitel 2

Werkzeuge eines Traders

Jeder gute Handwerker legt Wert auf gutes und solides Werkzeug. Dabei hat er für die verschiedensten Arbeiten jeweils unterschiedliche Werkzeuge, die ihm ein optimales Ergebnis garantieren.

Beim erfolgreichen Trader ist es nicht anders. Auch er hat verschiedene Werkzeuge, die er gezielt zum Einsatz bringt.

Dazu gehört eine solide Hardware in Form von aktueller und zuverlässiger Rechentechnik, ergänzt durch die nötige Trading- und Chartsoftware. Für die jeweiligen Marktsituationen kann der Trader aus seinem Handwerkskoffer die verschiedensten Orderarten auswählen. Seine Trades und den Einsatz seiner Werkzeuge dokumentiert er in einem Tradingjournal, um später jeden Kauf und Verkauf rekonstruieren zu können. Weiterhin gehört dazu auch die optimale Gestaltung seines Arbeitsplatzes, um möglichst störungsfrei seiner Tätigkeit nachgehen zu können. Noch wichtiger als der Besitz dieser Werkzeuge ist das Wissen über deren Verwendung, besonders wenn es um den Einsatz von Spezialwerkzeugen wie zum Beispiel von kombinierten Orders geht.

Erst wenn Sie richtig ausgerüstet und ausgebildet sind, haben Sie eine Chance, gegen die Profis am Markt zu bestehen. Denn die professionellen Marktteilnehmer verfügen stets über die besten Werkzeuge und sind Vollprofis bei deren Anwendung. Schärfen Sie stets die Klingen Ihrer Werkzeuge und werden Sie allmählich ein Meister im Umgang mit ihnen.

Der *Arbeitsplatz*

Trading ist harte Arbeit, dies haben wir bereits festgestellt. Wer hart arbeitet, sollte dafür ein optimales Umfeld vorfinden. Der erste Schritt ist die Einrichtung Ihres Tradingarbeitsplatzes. Richten Sie sich in Ihrer Wohnung beziehungsweise in Ihrem Haus einen Arbeitsplatz ein, von dem aus Sie jederzeit Ihrer Tradingtätigkeit nachgehen können. Dabei gibt es gewisse Kriterien zu beachten. Zum einen sollten Sie an diesem Platz ungestört sein. Dies lässt sich meist nur realisieren, wenn es sich um ein separates Zimmer handelt, welches Sie mit einer Tür verschließen können. Wenn Sie dann noch ein Schild an die Tür hängen „Bitte nicht stören – hier wird Geld verdient!", dann weiß jeder in Ihrer Familie, dass Sie gerade arbeiten. Wichtig ist auch, dass Sie sich an diesem Platz wohlfühlen. Dabei ist der Begriff des Wohlfühlens nicht zu verwechseln mit Ihrer Lieblingsecke, wo Sie gern entspannt vor sich hin dösen. Trading bedeutet jederzeit hellwach und konzentriert zu sein. Unterscheiden Sie daher strikt zwischen Ihren Entspannungsoasen und Ihrem häuslichen Arbeitsplatz.

Was für den Arbeitsplatz eines Angestellten im Büro gilt, ist auch für Sie wichtig, wenn es um das Thema Licht und Luft geht. Stellen Sie sicher, dass die Lichtverhältnisse an Ihrem Tradingschreibtisch jederzeit ausreichend sind und Sie auch an heißen Sommertagen genügend Frischluft zuführen können.

Der im Winter sehr gemütliche Dachbodenraum kann im Sommer für Sie zur Hitze- und damit zur Konzentrationsfalle werden. Prüfen Sie zu guter Letzt Ihre Sitzgelegenheit. Haben Sie einen guten Bürostuhl, welchen Sie so einstellen können, dass Sie einige Stunden beschwerdefrei sitzen? Da Rückenbeschwerden eine der Volkskrankheiten Nummer 1 sind und sich auf unser gesamtes Wohlbefinden und unsere Leistungsfähigkeit auswirken, kann man es nicht genug betonen: Erst wenn Sie richtig sitzen und die Abstände zur Tastatur und zum Monitor stimmen, haben Sie einen ergonomisch optimierten Arbeitsplatz.

Ganz speziell für den Vollzeittrader ist es von sehr großer Wichtigkeit, da sie mehrere Stunden täglich vor dem Bildschirm verbringen. Investieren Sie also etwas Zeit und Geld in die Auswahl und Einrichtung

Ihres Tradingarbeitsplatzes. Auf lange Sicht wird sich diese Investition rentieren, da erfolgreiches Trading nur an einem optimal eingerichteten Arbeitsplatz möglich ist.

Die PC-*Technik*

Bei der Auswahl der richtigen Computertechnik haben Sie die Qual der Wahl.

Sie können sich bei einem spezialisierten Anbieter eine komplette Workstation mit mehreren Bildschirmen kaufen. Die Investitionssumme wird jedoch schnell bei einigen Tausend Euro liegen. Aber gerade als Einsteiger reicht es aus, mit einer soliden Grundausstattung zu beginnen, ohne sich gleich die Premiumklasse auf den Schreibtisch zu stellen. Ein handelsüblicher PC oder Laptop der aktuellen Generation ist eine gute Wahl. Ob Sie jetzt einen Laptop oder einen PC-Tower wählen, ist eine Frage der persönlichen Ansprüche. Wer viel unterwegs ist, wird sicher eher zum transportablen Notebook tendieren. Wichtig ist jedoch auch beim Laptop ein separater Flachbildschirm mit einer Größe von mindestens 19 Zoll.

Erst dann sind Charts und Handelssoftware in ausreichender Größe auf Ihrem Bildschirm darstellbar. Investieren Sie an dieser Stelle unbedingt in ein gutes Gerät, Ihre Augen werden es Ihnen danken. Oft wird die Frage gestellt, ob beim Trading ein einzelner Bildschirm überhaupt reicht. Für den Einsteiger ins Tradinggeschäft ist diese Frage eindeutig mit ja zu beantworten. Gerade wenn Sie nur nebenberuflich traden, können Sie alle wichtigen Anwendungen auf einem großen Bildschirm ausreichend gut darstellen. Etwas anders verhält es sich, wenn Sie beabsichtigen, kurzfristiges Daytrading in Vollzeit auszuführen. Hier kann ein zweiter Bildschirm eine Überlegung wert sein, denn er bietet Ihnen einige Vorteile. So können Sie mehrere Anwendungen im Blick haben, ohne ständig einzelne Fenster öffnen oder schließen zu müssen. Auch lässt sich ein Bildschirm speziell für das Chartprogramm einrichten, während auf dem zweiten die Handelsplattform und der Newsticker laufen. Prüfen Sie vor dem Kauf Ihres Rechners, ob die Grafikkarte für die Verwendung mehrerer Monitore geeignet ist, wenn Sie einen zweiten Bildschirm in Erwägung ziehen.

Die Verbindung zur Außenwelt sollte über eine DSL-Leitung inklusive einer Flatrate laufen, beides ist heutzutage Standard. Alternativ bietet sich eine Flatrate für das mobile Surfen an, die Kosten liegen hier jedoch meist über denen eines DSL-Anschlusses. Der Vorteil ist natürlich die Möglichkeit, per Laptop nahezu überall online zu sein. Unabhängig von der Verbindungsart ist wichtig, dass die Verbindung stabil ist und sie auch bei einer Flatrate nicht nach längerer Arbeitspause automatisch vom Provider getrennt wird und erst nach Wiedereinwahl funktioniert. Die Vollzeittrader unter ihnen sollten sich noch über ein zweites PC-System, quasi als Reserve, Gedanken machen. Im Falle eines PC-Absturzes mit irreparablen Schäden müssen Sie schnell in der Lage sein, Ihren Ersatzrechner ans Netz zu hängen, um weiterarbeiten zu können. Auch wenn dieser Fall extrem selten eintritt, kann er doch sehr teuer werden, wenn Sie zum Beispiel noch eine offene Position ohne Stoppkurs haben und leider auch die Telefonnummer Ihres Brokers nur im defekten Rechner abgespeichert war. Als Ersatzsystem reicht meist ein Rechner, der den technischen Mindestanforderungen genügt, bis das Hauptsystem wieder einwandfrei läuft. Außerdem sollte jeder Trader sämtliche Daten im Zusammenhang mit dem Trading an mindestens zwei verschiedenen Orten sicher speichern. Nur so kommen Sie bei einem Festplattencrash schnell und unkompliziert wieder an alle relevanten Daten heran. Generell lässt sich sagen, je kurzfristiger die Handelsstrategie ist, umso leistungsfähiger sollte die verwendete Technik sein.

Die Handels*software*

Bei der Kontoeröffnung bei einem Broker beziehungsweise einer Direktbank bekommen Sie meist die hauseigene Handelssoftware gratis dazu. Dies bedeutet dann auch, dass ein Handel oft nur mit dieser Handelsplattform durchgeführt werden kann.

Viele Broker bieten vorab eine kostenfreie Demoversion ihrer Software für einen gewissen Zeitraum an. Dies ist eine gute Gelegenheit, um sich hinsichtlich der angebotenen Funktionen, der Benutzerfreundlichkeit und Flexibilität einen Eindruck zu verschaffen. Manchmal können Sie in dieser Testphase sogar mit einem fiktiven Geldbetrag Demo-Trading betreiben.

Prüfen Sie, ob die Software alle für Ihre Tradingstrategie relevanten Funktionen enthält. Spielt etwa ein spezieller Indikator mit einer selbst gewählten Periode eine wichtige Rolle, sollte dieser Indikator auch so in der Handelssoftware einstellbar sein. Sehr hilfreich sind Funktionen wie ein Preisalarm, wo Sie beim Erreichen eines vorher definierten Kursniveaus automatisch per E-Mail benachrichtigt werden. Eine große Anzahl von Funktionen ist aber nicht gleichbedeutend mit einer hohen Benutzerfreundlichkeit.

Bei der Benutzerfreundlichkeit kommt es zuerst darauf an, dass Sie alle wichtigen Funktionen auf einer Seite darstellen können. Dazu gehören der Chart des Wertes, die Ordermaske sowie die Kontoübersicht mit allen offenen Positionen und Aufträgen. Nur so haben Sie jederzeit alles Wichtige im Blick. Wenn die vorhandene Software Ihnen nun auch noch ermöglicht, diese Informationen nach Ihren Bedürfnissen flexibel auf dem Bildschirm anzuordnen, dann können Sie dieses System in die engere Wahl ziehen. Natürlich können Sie sich auch auf dem Markt der externen Softwareanbieter nach der geeigneten Tradingplattform umschauen. Dieser Schritt lohnt aber meist erst dann, wenn Sie als Trader Ihre ersten Lorbeeren verdient haben und über den Status eines Einsteigers hinaus sind. Die Kosten für den Kauf einer externen Tradingsoftware können schnell einige Hundert Euro beim Einmalkauf oder einen deutlichen Kostenfaktor beim monatlichen Abonnement betragen. Dem Profitrader bieten diese Systeme eine hohe Flexibilität und Anpassungsfähigkeit. So können Handelssysteme selbst programmiert und mit einem automatischen Orderrouting verknüpft werden. Liefert das Handelssystem ein Signal, wird die Order automatisch in Sekundenbruchteilen über eine Schnittstelle an den Broker weitergeleitet. Voraussetzung dafür ist eine hochleistungsfähige und technisch zuverlässige Rechentechnik.

So effektiv diese automatischen Handelssysteme auch sein können, sie sind natürlich nur so gut wie der Mensch, der sie programmiert hat. Ein vollautomatisches Handelssystem ist daher nur etwas für erfahrene Trader mit guten Programmierkenntnissen. Der Tradingeinsteiger kann auch mit der kostenlosen Handelssoftware des jeweiligen Brokers respektable Gewinne erwirtschaften. Denn der Faktor Mensch ist beim Trading wichtiger als eine hochgerüstete Technik.

Die Chartanalyse

An den Kapitalmärkten konkurrieren zwei Formen der Bewertung von Märkten und Wertpapieren miteinander, die technische und die fundamentale Analyse.

Die Fundamentalanalyse trifft zum Beispiel eine Aussage darüber, ob die Gewinne eines Unternehmens im Branchenvergleich hoch oder niedrig sind.

Längerfristig spiegeln die Kurse von Aktien meist auch diese fundamentalen Daten wider. Trader interessieren sich hingegen wenig für die Fundamentaldaten eines Wertpapieres, da ihr Zeithorizont deutlich kürzer ist als der eines langfristigen Investors. Weiterhin bietet die Fundamentalanalyse dem Trader kaum Informationen über den möglichen kurzfristigen Kursverlauf. Aufgrund dieser Tatsache bedienen sich nahezu alle Trader der technischen Analyse, auch Charttechnik genannt. Diese Analyseform ist eine sehr komplexe Variante der Kapitalmarktbewertung und es gibt zahlreiche Publikationen, die sich ausschließlich diesem Thema widmen. In „Crashkurs Trading" lernen Sie in den folgenden Abschnitten die Grundlagen der Charttechnik kennen. Mit diesen Grundlagen sind Sie bereits in der Lage, den Kursverlauf eines Wertpapieres zu beurteilen und mögliche Ein- und Ausstiegssignale zu finden. Für Ihre Fortschritte als Trader kann es jedoch nur nützlich sein, wenn Sie sich vertiefende Literatur zu diesem Thema besorgen.

Was ist Charttechnik?

Die Charttechnik stellt den Kursverlauf eines Wertpapieres grafisch dar. Dies geschieht als Diagramm mit zwei Achsen: Auf der x-Achse wird die Zeit abgetragen, auf der y-Achse der Kurs. Der Kursverlauf eines Wertpapieres oder von Indizes lässt sich so sehr anschaulich darstellen. Sie können in einem Chart ebenfalls sehr einfach den gehandelten Kurs zu einem bestimmten Zeitpunkt ablesen. Dabei können Sie in einem elektronischen Chartprogramm die Zeitachse Ihren Bedürfnissen flexibel anpassen. Der Daytrader bevorzugt zum Beispiel meist den Minutenchart. Das heißt, ein Zeitintervall auf der x-Achse beträgt eine Minute. Der längerfristige Trader wird eher den Chart auf Tagesbasis präferieren. Ziel der Charttechnik ist es, aus der Kursentwicklung der Vergangenheit auf die mögliche Entwicklung in der Zukunft zu schließen. Zuvor wird stets die aktuelle Situation beurteilt, das heißt, es wird analysiert, ob sich der Kurs in einem Aufwärts ,

Abwärts- oder Seitwärtstrend befindet. Hinzu kommt das Aufspüren von markanten Punkten, an denen sich ein Kauf oder Verkauf lohnen könnte. Die wichtigsten Grundlagen der modernen Chartanalyse werden auf den folgenden Seiten erklärt.

Woher kommt die Charttechnik?

Der Begründer der Charttechnik war der Amerikaner Charles Henry Dow (1851-1902). Er ging davon aus, dass sich die Finanzmärkte in gewissen Zyklen verhalten, die stets wiederkehren. Dabei teilte er den Kursverlauf in drei verschiedene Trends ein, den primären, den sekundären und den tertiären Trend. Um die Grundtendenz eines gesamten Aktienmarktes zu beurteilen, fasste Dow die wichtigsten Aktien seiner Zeit zu einem Index zusammen. Der Dow Jones Industrial Average war geboren und wurde im Jahre 1896 erstmalig veröffentlicht. Noch heute hat dieser Index als Leitindex der US-amerikanischen Börsen Bestand.

Auf den Theorien von Dow aufbauend wurden in den folgenden Jahrzehnten weitere Modelle der Chartanalyse entwickelt wie zum Beispiel das der Elliott-Wellen.

Alle Modelle der Chartanalyse basieren auf empirischen Daten und bedienen sich unter anderem verschiedener theoretischer Annahmen aus den Naturwissenschaften.

Welche Annahmen liegen der Charttechnik zugrunde?

Die Chartanalyse basiert auf drei grundlegenden Annahmen:
1. Im Kurs sind alle Informationen enthalten.
2. Kurse bewegen sich in Trends.
3. Die Geschichte wiederholt sich.

Im Kurs sind alle Informationen enthalten

Dies ist der wichtigste Grundsatz der technischen Analyse. Die Charttechnik geht davon aus, dass im aktuellen Kurs alle kursrelevanten Informationen zu diesem Wertpapier enthalten sind und sich damit im Chart widerspiegeln. Charts reflektieren daher stets die vergangene Marktentwicklung bis zum jetzigen Moment.

Erst wenn ein Marktteilnehmer die vorliegenden Informationen neu bewertet, sich zum Kauf oder Verkauf des Wertpapieres entschließt, entsteht durch die Veränderung von Angebot und Nachfrage ein neuer Kurs am Markt. Dies geschieht ebenso, wenn neue Informationen am Markt auftauchen und diese bei den Marktteilnehmern eine Reaktion in Form von Käufen oder Verkäufen auslöst.

Diese sehr radikale Annahme führt zu einem Verzicht auf die Analyse fundamentaler Daten, die für die kurzfristigen Preisbewegungen meist eine eher untergeordnete Rolle spielen.

Kurse bewegen sich in Trends

Ziel der Charttechnik ist es, die drei von Charles Henry Dow benannten Haupttrends zu identifizieren. Ist dies dem Chartanalysten gelungen, kann er die Zeitpunkte zum Einstieg beziehungsweise Ausstieg bei einem Wert bestimmen.

Diese Trends versucht der Trader zu nutzen und sich in Trendrichtung zu positionieren. Man spricht hier von sogenannten Trendfolgern. Diese Trader handeln nach dem Grundsatz: „The trend is your friend". Erst wenn sich eine Trendumkehr im Chart andeutet, schließen sie ihre Positionen und setzen eventuell auf den neuen, umgekehrten Trend.

Entscheidend ist hier, einen Trend möglichst frühzeitig zu erkennen. Dies ist die Voraussetzung dafür, ihn gewinnbringend handeln zu können.

Die Geschichte wiederholt sich

In Kurscharts lassen sich bestimmte Strukturen und Formationen erkennen, welche aus den Reaktionen der Marktteilnehmer in der Vergangenheit resultieren. Die Charttechnik geht davon aus, dass beim erneuten Auftreten solcher Strukturen und Formationen die Menschen wieder sehr ähnlich reagieren werden.

Diese Kursmuster spiegeln die Psyche und die Gefühle der Marktteilnehmer wider, wie zum Beispiel Angst, Hoffnung, Gier oder Euphorie. Da die menschliche Psyche sich über die Jahrhunderte nicht grundlegend geändert hat, funktioniert diese Herangehensweise oft erstaunlich gut, auch wenn es dafür keinen wissenschaftlich anerkannten Beweis gibt. Allein die Tatsache, dass es wider besseren Wissens in der Börsengeschichte immer wieder zu Blasen mit völlig überzogenen Kursen und dem anschließenden Crash kommt, stützt die These.

Warum ist Chartanalyse wichtig?

Zum einen wird die technische Analyse von sehr vielen Marktteilnehmern benutzt. Bei Tradern ist sie oft die einzige Entscheidungsgrundlage für den Kauf oder Verkauf. Allein dieser Umstand, dass so viele Börsianer ihr Beachtung schenken, verschafft der Charttechnik einen kleinen statistischen Vorteil gegenüber der reinen Bauchentscheidung. So kann sich die Chartanalyse in Form einer „sich selbst erfüllenden Prophezeiung" quasi verselbstständigen. Sehen zum Beispiel viele Marktteilnehmer im Chart, dass eine Aktie einen neuen Aufwärtstrend begonnen hat, werden viele von ihnen kaufen, um davon zu profitieren. Dies führt meist zu weiter steigenden Kursen und einer Bestätigung des Aufwärtstrends. Weitere Börsianer, die bisher skeptisch waren, werden nun auch das Papier kaufen. Der Kurs steigt erneut. Dieses Spiel geht so lange, bis alle die, welche die Aktie haben wollen, gekauft haben. Dies ist meist der Punkt, wo ein längerfristiger Trend sich umzukehren beginnt und es sich lohnt, auf fallende Kurse zu spekulieren.

Natürlich funktioniert Charttechnik nicht so einfach, denn sonst gäbe es unter den Investoren und Tradern nur Millionäre. So kann ein Trend zum Beispiel jäh enden, wenn die Firma über Nacht neue Nachrichten zu ihrer Geschäftsentwicklung herausbringt. Trotzdem lohnt es sich gerade für Sie als Trader, sich mit der technischen Analyse intensiver zu beschäftigen und sich das Handwerkszeug dazu anzueignen. Nur so haben Sie eine Basis für Ihre Handelsentscheidungen und sind auch in der Lage, später Ihr eigenes Handelssystem zu entwickeln, welches sich den kleinen statistischen Vorteil der Chartanalyse zunutze macht.

Tipp! Charttechnik wird von vielen Marktteilnehmern als Grundlage für ihre Handelsentscheidungen genutzt. Daher lohnt es sich auch für Sie, sich mit der Chartanalyse zu beschäftigen und sie zu Ihrem Tradingwerkzeug zu machen.

Da die Instrumente sehr zahlreich sind und dem Trader immer einen Interpretationsspielraum lassen, sollten Sie Ihre Chartanalysen einfach halten und Ihren Handelsbildschirm nicht mit zu vielen charttechnischen Informationen überfrachten. Je einfacher Ihre Chartdarstellung, desto besser werden Ihre Handelsergebnisse ausfallen.

Welche Arten von *Charts gibt es?*

In der technischen Analyse gibt es verschiedene Darstellungsformen des Kursverlaufs. Die drei am häufigsten verwendeten Varianten sind der einfache Linien-, der Bar- sowie der Kerzenchart.

Der Linienchart

Beim Linienchart werden die Schlusskurse eines Zeitintervalls in das Diagramm eingetragen und durch eine Linie miteinander verbunden. Der Vorteil dieser Darstellungsform ist, dass selbst Charts über mehrere Jahre sehr übersichtlich dargestellt werden können (siehe Abbildung 2.0). Da jedoch zum Beispiel beim Tageschart nur der Schlusskurs eines Handelstages abgebildet wird, sagt der Linienchart nichts über die Kursbewegungen innerhalb des Handelstages aus. Ebenso wenig werden Kurslücken, sogenannte Gaps, im Linienchart sichtbar.

Der Linienchart besitzt daher nur eine begrenzte Aussagekraft. Er eignet sich aber gut, um einen ersten Überblick über einen Kursverlauf zu bekommen. Für den kurzfristigen Trader ist er jedoch eher ungeeignet, speziell wenn es um Einstiegs- und Ausstiegssignale und das Auffinden von Stoppkursen geht.

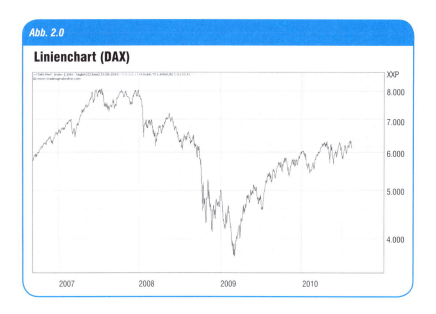

Abb. 2.0
Linienchart (DAX)

Der Barchart

Beim Barchart, auch Balkenchart genannt, werden nicht nur der Schlusskurs eines Zeitintervalls, sondern auch der Eröffnungskurs sowie der Höchst- und Tiefstkurs dargestellt (siehe Abbildung 2.1).

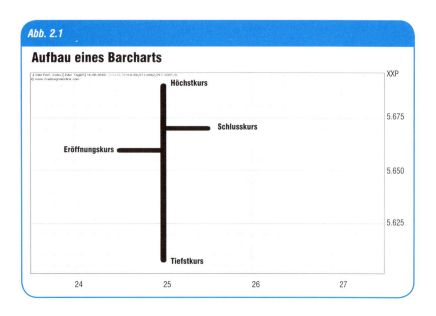

Durch diese zusätzlichen Informationen erhöht sich die Aussagekraft dieser Chartdarstellung für den Trader enorm. Ein Beispiel für einen Barchart sehen Sie in Abbildung 2.2. Besonders gut kann der Trader beim Barchart die Handelsspanne eines Zeitintervalls ablesen, also die Entfernung zwischen dem höchsten und dem tiefsten Punkt eines Bars. Die Ausdehnung zwischen Höchst- und Tiefstkurs liefert ihm eine wichtige Information über die Schwankungsbreite des Marktes.

Moderne Chartprogramme vergrößern die Aussagekraft des Barcharts durch eine zweifarbige Darstellung. Liegt der Schlusskurs über dem Eröffnungskurs, wird der jeweilige Balken schwarz eingefärbt, liegt der Schlusskurs dagegen unter dem Eröffnungskurs, ist der Balken rot. Somit können Sie auf einen Blick erkennen, ob sich die Kurse in dem gewählten Zeitintervall positiv oder negativ entwickelt haben. Einziger Nachteil ist, dass langfristige Zeiträume zwar dargestellt werden können, die Übersichtlichkeit durch das Zusammenrücken der einzelnen Bars aber stark leidet.

Der Kerzenchart

Der Kerzenchart wird in der modernen Chartanalyse auch als Candlestick-Chart (candle – Englisch: Kerze) bezeichnet. Grundsätzlich ist er dem Barchart sehr ähnlich, da er die gleichen Informationen enthält. Gleichzeitig ist dies auch die älteste bekannte Darstellungsform eines Kursverlaufs. So soll es der japanische Reishändler Homma Munehisa gewesen sein, der im 18. Jahrhundert den Kerzenchart erfand. Er war einer der Ersten, der sich für historische Kursverläufe am Reismarkt interessierte und sich an Analysen versuchte. Seine Erfolge im Reishandel machten ihn zu einem der reichsten Männer Japans und später zum Finanzberater der kaiserlichen Regierung. Der entscheidende Unterschied des Kerzencharts zum Barchart liegt im sogenannten Kerzenkörper, der Spanne zwischen Eröffnungs- und Schlusskurs. Dieser rechteckige Körper, im Angelsächsischen auch Body genannt, kann dabei zwei verschiede Färbungen annehmen. Die Kerze ist weiß, wenn der Schlusskurs über dem Eröffnungskurs liegt. Wenn der Schlusskurs unter dem Eröffnungskurs notiert (siehe Abbildung 2.3), ist die Kerze schwarz. Die senkrechten Linien oberhalb beziehungsweise unterhalb des Kerzenkörpers werden als Lunte beziehungsweise Docht bezeichnet.

Durch diese plastische Darstellung ist seine Aussagekraft deutlich größer und das Kursmuster ist für das menschliche Auge erheblich schneller zu erfassen.

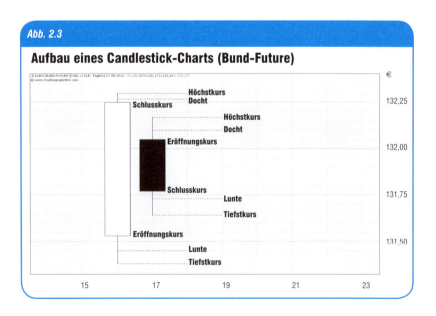

Abb. 2.3

Aufbau eines Candlestick-Charts (Bund-Future)

Deshalb verwendet auch die Mehrzahl der Trader diese Darstellungsform, egal ob als Minutenkerzen im Daytrading oder als Tageskerzen (Abbildung 2.4) im längerfristigen Positionstrading. Mittlerweile hat sich um den Bereich der Candlestick-Charts eine ganz eigene Form der Chartanalyse entwickelt. So werden bei der Candlestick-Analyse verschiedene Chartformationen, also das Aufeinanderfolgen von bestimmten Kerzen, unterschieden. Je nach Formation liefern diese eine Indikation über den zukünftig möglichen Kursverlauf. Aus diesem Grund ist es jedem Trader zu empfehlen, sich in weiterführende Literatur zum Thema Kerzencharts einzuarbeiten.

Die Skalierung eines Charts

Bei der Kursachse eines Charts können Sie zwischen zwei Möglichkeiten der Skalierung wählen. Einmal können Sie die lineare Darstellung

verwenden. Bei dieser Form ist der Abstand auf der y-Achse zum Beispiel zwischen 50 und 70 genauso groß wie der Abstand zwischen 100 und 120. Es zählt also die absolute Veränderung, welche in diesem Beispiel bei 20 liegt. Bei der logarithmischen Darstellung zählt hingegen die prozentuale Veränderung. Der Abstand zwischen 50 und 70 ist hier größer als der Abstand zwischen 100 und 120, da ja die prozentuale Veränderung eine größere ist. In den meisten Fällen bietet die logarithmische Darstellungsform dem Trader einige Vorteile. Zum einen werden die eingezeichneten Trendlinien oft korrekter wiedergegeben, da sie über die gesamte Zeitachse den gleichen Anstiegswinkel haben. Besonders bei sehr schwankungsintensiven Werten lassen sich so Kursveränderungen unabhängig von ihrem Niveau auch über längere Zeiträume besser vergleichen. Experimentieren Sie als Einsteiger in die Chartanalyse aber ruhig ein wenig. Moderne Chartprogramme können die unterschiedlichen Darstellungsformen mit einem gezielten Klick erzeugen. So können Sie auch am schnellsten eigene Erfahrungen sammeln und Sicherheit im Umgang mit Ihrem Chartprogramm gewinnen.

Charttechnik im *Tradingalltag*

Sie haben nun die wichtigsten Darstellungsformen von Charts kennengelernt.

Mit diesem Wissen ausgestattet, gilt es nun die Charts zu nutzen, um Antworten auf die ganz zentralen Fragen beim Trading zu erhalten: Bei welchem Kurs steige ich in den Markt ein? Wo liegen mögliche Kursziele? Bei welchem Preisniveau sollte ich meinen Stoppkurs platzieren?

Zu beachten ist jedoch, dass die Charttechnik Ihnen häufig keine eindeutige Antwort gibt und der Interpretationsspielraum sehr groß sein kann. Charttechnik ist schließlich keine exakte Wissenschaft.

Wenn Sie jedoch mithilfe dieser Analyseform die Punkte herausfinden, an denen viele Marktteilnehmer zum gleichen Schluss kommen und auch danach handeln, kann die Charttechnik ein wichtiger Mosaikstein für Ihren Erfolg als Trader sein.

Wie finden Sie Trends im Chart?

Dazu gilt es zunächst einmal die grundlegenden Eigenschaften eines Aufwärts-, Abwärts- und Seitwärtstrends zu definieren.

Beim Aufwärtstrend finden Sie im Chart sowohl steigende Tiefpunkte als auch steigende Hochpunkte vor (siehe Abbildung 2.5). Verbinden Sie nun die Tiefpunkte mit einer Linie, so erhalten Sie die Aufwärtstrendlinie. Solange die Kurse nicht signifikant unter diese Aufwärtstrendlinie fallen, ist der Trend intakt und Sie können auf weiter steigende Kurse setzen.

Oft können Sie sogar noch einen sogenannten Trendkanal einzeichnen, indem Sie durch eine Parallelverschiebung der Trendlinie die Hochpunkte miteinander verbinden (Abbildung 2.6). Auch hier gilt: Solange die Kurse innerhalb des Trendkanals weiterlaufen, ist es Zeit für Long-Positionen.

Ein Abwärtstrend dagegen ist durch fallende Hoch- und Tiefpunkte gekennzeichnet (Abbildung 2.7). Die Abwärtstrendlinie erhalten Sie durch das Verbinden der Hochpunkte.

Ebenso lässt sich hier oft ein Abwärtstrendkanal markieren (Abbildung 2.8).

Bewegen sich die Kurse in einem intakten Abwärtstrend, sollten Sie auf weiter fallende Kurse spekulieren. Die Trendlinien sind generell umso aussagekräftiger, je mehr Tief- beziehungsweise Hochpunkte Sie miteinander verbinden können.

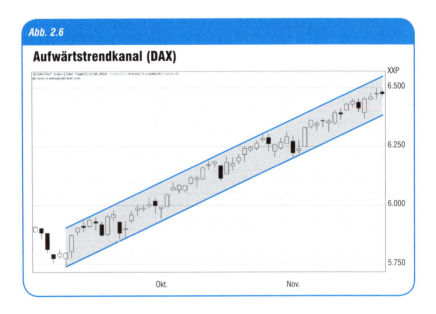

Abb. 2.7
Abwärtstrend (DAX)

Abb. 2.8
Abwärtstrendkanal (DAX)

Die dritte Form des Trends ist die Seitwärtsbewegung. Hier erhalten Sie beim Verbinden der Hoch- sowie der Tiefpunkte zwei waagerechte Linien (Abbildung 2.9).

Innerhalb dieser oberen und unteren Begrenzung pendeln die Kurse oft länger hin und her. Dieses Verhalten lässt sich beim Traden ebenfalls nutzen. Sie verkaufen oben und kaufen unten.

Zusätzlich sollten Sie bei allen drei Trendformen unbedingt den Zeitfaktor berücksichtigen. Wenn Sie intraday handeln, dann suchen Sie nach Trends im Minuten- oder Stundenchart. Gehören Sie dagegen zu den Positionstradern, die ihr Engagement einige Tage oder gar Wochen halten, dann halten Sie im Tageschart nach längerfristigen Trends Ausschau.

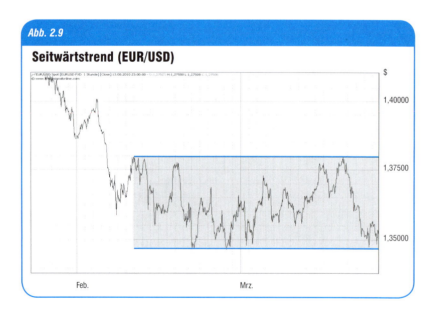

Abb. 2.9
Seitwärtstrend (EUR/USD)

Wie handeln Sie Trends?

Die wichtigste Regel lautet: Handeln Sie als Trader nicht gegen, sondern mit dem Trend! Es gilt der Grundsatz: „The trend is your friend". Gerade als Tradingeinsteiger werden Sie am Anfang größere Erfolge erzielen, wenn Sie einen trendfolgenden Ansatz handeln. Zwar kann das Spekulieren gegen den Trend auch eine erfolgreiche Handelsstrategie sein, dazu ist jedoch eine sehr große Erfahrung notwendig. Außerdem ist die Anzahl der Fehlsignale meist höher. Haben Sie einen Aufwärtstrend ausgemacht, auf dessen Fortsetzung Sie bauen, dann kaufen Sie, wenn sich die Kurse wieder der Aufwärtstrendlinie annähern. Setzen Sie den Stoppkurs knapp unterhalb der Aufwärtstrendlinie (Abbildung 2.10).

In einem Abwärtstrend eröffnen Sie dann eine Short-Position, wenn der Kurs wieder an die fallende Trendlinie heranläuft (Abbildung 2.11). Den Stoppkurs setzen Sie hier knapp oberhalb dieser Trendlinie.

So können Sie in einem bestehenden Trend Positionen eröffnen und davon profitieren, wenn sich der Trend wie prognostiziert fortsetzt. Auf einen Trendbruch setzen Sie erst dann, wenn die jeweilige Trendlinie deutlich verletzt wurde (Abbildung 2.12).

Im Seitwärtstrend kaufen Sie nahe der unteren Begrenzungslinie und verkaufen nahe der oberen Begrenzung (Abbildung 2.13). Den Stoppkurs für Ihre Position setzen Sie jeweils knapp ober- beziehungsweise unterhalb der Seitwärtsspanne. Von einem Ende des Seitwärtstrends können Sie erst ausgehen, wenn die Kurse die obere oder untere Begrenzungslinie deutlich verletzt haben.

Abb. 2.12
Trendbruch im DAX

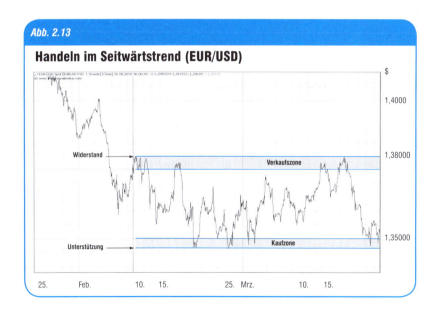

Abb. 2.13
Handeln im Seitwärtstrend (EUR/USD)

Wie handeln Sie Unterstützungen und Widerstände?

Eine Art von Unterstützungen und Widerständen haben Sie bereits in Form der oberen und unteren Begrenzungslinien im Seitwärtstrend kennengelernt.

Eine Unterstützung ist also die Marke, an welcher der Kurs in der Vergangenheit immer wieder nach oben gedreht hat (Abbildung 2.13). Ein Widerstand dagegen ist eine Linie, bei welcher es dem Kurs nicht gelungen ist, darüber zu steigen (Abbildung 2.13). Je öfter die Kurse an solchen Niveaus gedreht haben, umso markanter ist der Widerstand beziehungsweise die Unterstützung. Erreicht nun der Kurs so eine Zone, geht die Mehrheit der Marktteilnehmer davon aus, dass der Kurs dort erneut drehen wird und positioniert sich dementsprechend. Natürlich gibt es keine Garantie, dass dies auch wirklich passiert. Oft kommt aber der bereits angesprochene psychologische Effekt der selbsterfüllenden Prophezeiung zum Tragen. Glauben viele Börsianer an eine Entwicklung, dann ist die Wahrscheinlichkeit meist etwas höher, dass sie auch so eintritt, auch wenn dies wissenschaftlich nicht eindeutig zu beweisen ist. Für Sie als Trader gilt: Spüren Sie solche markanten Punkte im Chart auf und legen Sie sich auf die Lauer, oft ergeben sich gute Handelsgelegenheiten. Was passiert jedoch, wenn eine Unterstützung nach unten verletzt oder ein Widerstand nach oben gebrochen wird? Meist kommt es dann zu einer beschleunigten Kursbewegung in Richtung des Trendbruches. Geht dies mit signifikanten Handelsumsätzen einher, dann erreicht der Kurs das durchbrochene Niveau meist nicht mehr so schnell. Beim Durchbruch durch solche Marken kann es aber durchaus auch passieren, dass sich ein kurzfristiger Fehlausbruch bildet. Der Kurs kehrt meist kurzfristig wieder über die Unterstützung beziehungsweise unter den Widerstand zurück, bevor die Marke endgültig gebrochen wird. Daher ist es wichtig, dass Sie Ihre Stoppkurse nicht direkt auf solche Unterstützungs- und Widerstandslinien legen.

Sie werden sonst häufig Opfer eines solchen Fehlausbruchs. Ihr Stopp wird ausgeführt und danach bewegt sich der Kurs in die von Ihnen vorhergesagte Richtung. Dies ist ärgerlich, jedoch ist selbst ein schlecht gesetzter Stoppkurs besser als kein Stoppkurs. Mehr zu Stoppkursen erfahren Sie später in einem gesonderten Abschnitt.

Wird ein Widerstand endgültig gebrochen, bildet er künftig eine Unterstützung (siehe Abbildung 2.14). Die gebrochene Unterstützung wird dagegen zu einem Widerstand.

Wie nutzen Sie *Indikatoren beim Trading?*

Neben den reinen Kursinformationen im Chart können Sie Ihre Tradingentscheidungen auch anhand von Indikatoren treffen.

Tradingindikatoren basieren auf mathematisch-statistischen Modellen und verfolgen die unterschiedlichsten Modelle der Zeitreihenanalyse.

Mittlerweile ist die Anzahl der Indikatoren so groß geworden, dass böse Zungen behaupten: „Sie finden für jede Tradingentscheidung den passenden Indikator, der Ihre Meinung bestätigt. Sie müssen nur lange genug danach suchen."

Und genau darin liegt gleichzeitig die Gefahr, wenn Indikatoren ohne einen Blick auf die Chartsituation des Basiswertes verwendet werden. So passt nicht jeder Indikator zum derzeitigen Zustand des Marktes. Ein reiner Trendfolgeindikator in einem Seitwärtsmarkt wird Ihnen beispielsweise eher schlechte Ergebnisse liefern. Den Superindikator, welcher immer zuverlässig funktioniert, gibt es nicht.

Trotz dieser Schwächen können Tradingsysteme, die auf Indikatoren beruhen, vernünftige Ergebnisse liefern. Die wichtigsten Indikatoren und deren Anwendung werden Ihnen jetzt vorgestellt. Dabei gilt die Regel: Weniger ist mehr – ein bis zwei Indikatoren, sinnvoll eingesetzt, nutzen dem Trader oft mehr als ein Sammelsurium von exotischen Indikatoren. Auf die Formeln zur Berechnung der einzelnen Indikatoren wurde hier bewusst verzichtet, da sich die Indikatoren über fast jedes Chartprogramm darstellen lassen, ohne dass Sie Berechnungen ausführen müssen.

Die gleitenden Durchschnittslinien

Wenn Sie sich zuvor noch nie mit Indikatoren beschäftigt haben, dann sollten Sie mit den gleitenden Durchschnittslinien beginnen. Es handelt sich hier um relativ einfache und gut anwendbare Trendfolgeindikatoren. Der gleitende Durchschnitt, im Englischen als Moving Average bezeichnet, liefert Ihnen eine Aussage über die kurz-, mittel- und langfristigen Trends eines Marktes beziehungsweise eines Wertpapieres.

Die gleitenden Durchschnittslinien werden dabei direkt im Chart dargestellt (siehe Abbildung 2.15).

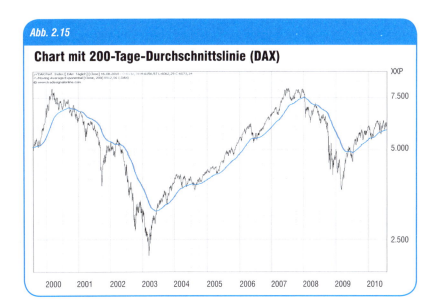

Abb. 2.15
Chart mit 200-Tage-Durchschnittslinie (DAX)

Wie es der Name andeutet, handelt es sich beim gleitenden Durchschnitt um den Mittelwert einer gewissen Anzahl von Zeiteinheiten, also zum Beispiel von Handelstagen. Sehr verbreitet sind die gleitenden Durchschnitte der letzten 20, 38, 50, 90 und 200 Tage. Natürlich ist auch jedes andere Zeitintervall möglich, aber hier gilt ebenso das Motto: Je mehr Marktteilnehmer sich an einem bestimmten Durchschnittswert orientieren, umso aussagekräftiger ist er. Die 200-Tage-Linie ist so ein Beispiel. In nahezu jeder Chartdarstellung finden Sie diese Linie. Daher ist es sinnvoll, solche sehr gängigen Durchschnitte auch für Ihr eigenes Trading zu benutzen.

Egal für welches Zeitintervall Sie sich letztendlich entscheiden, es muss natürlich zum Zeitraum Ihrer Prognose und damit Ihres gehandelten Zeithorizonts passen. Wer eher kurzfristig agiert, wird sicher eine 20-Tage-Linie bevorzugen. Ein Daytrader nutzt dagegen noch kurzfristigere Durchschnittslinien, zum Beispiel auf Minutenbasis. Neben den verschiedenen Zeiteinheiten unterscheidet man noch zwischen dem einfachen gleitenden Durchschnitt und dem exponentiell gleitenden Durchschnitt. Beim einfachen gleitenden Durchschnitt werden alle einfließenden Kurse gleich gewichtet. Der exponentiell gleitende Durchschnitt gewichtet jedoch die jüngsten Kurse stärker. Damit wird der Tatsache Rechnung getragen, dass die letzten Kurse eine etwas größere Relevanz für den zukünftigen Kursverlauf haben.

Dadurch reagiert der exponentiell gleitende Durchschnitt sensibler, ist aber auch etwas anfälliger für Fehlsignale. Welchen Durchschnitt von beiden Sie wählen, spielt oftmals nicht die entscheidende Rolle. Wichtig ist, dass Sie bei dem Durchschnittstyp bleiben, für den Sie sich entschieden haben.

Welche Kauf- und Verkaufssignale liefern Ihnen die gleitenden Durchschnitte?

1. Grundsätzlich können Sie an den gleitenden Durchschnittslinien die grundlegende Trendrichtung erkennen. Steigen die Kurse oberhalb einer ansteigenden Durchschnittslinie, haben Sie es mit einem Aufwärtstrend zu tun. Fallen die Kurse unterhalb einer fallenden Durchschnittslinie, liegt ein Abwärtstrend vor.

2. Als ein Handelssignal wird gewertet, wenn der Kurs des Basiswertes den gleitenden Durchschnitt schneidet. Steigt der Kurs über einen gleitenden Durchschnitt, liegt auf der gewählten Zeitebene ein Kaufsignal vor. Fällt er dagegen unter den gleitenden Durchschnitt, ist dies als Verkaufssignal zu bewerten. Man spricht hier auch von der einfachen Preiskreuzung. Dabei ist das Signal signifikanter, wenn sich der gleitende Durchschnitt ebenfalls in Schnittrichtung des Kurses bewegt.

1. Sehr häufig werden Handelssignale auch durch die Kreuzung zweier gleitender Durchschnitte erzeugt. Ein Kaufsignal erhalten Sie, wenn ein kürzerer gleitender Durchschnitt einen längeren von unten nach oben schneidet, zum Beispiel die 38-Tage-Linie die 200-Tage-Linie (Abbildung 2.16). Ein Verkaufssignal wird erzeugt, wenn der kürzere gleitende Durchschnitt den längeren von oben nach unten schneidet (Abbildung 2.16). Das Signal wird dabei am beziehungsweise kurz nach dem Schnittpunkt generiert. Diese Methode wird auch Zweifach-Kreuzung genannt.

Es können auch mehr als nur zwei gleitende Durchschnitte zum Einsatz kommen. Je nach Anzahl werden sie dann beispielsweise als Dreifach-Kreuzung bezeichnet.

Abb. 2.16
Kauf- und Verkaufssignale durch das Kreuzen gleitender Durchschnitte

Bei allen drei Varianten kommt es darauf an, dass die Periodeneinstellung zu Ihrem gehandelten Zeithorizont passt. In ausgeprägten Trendmärkten funktionieren gleitende Durchschnitte am besten, in volatilen Seitwärtsmärkten werden dagegen vermehrt Fehlsignale produziert.

Der MACD-Indikator

Der MACD ist ein trendfolgender Indikator. MACD steht für Moving Average Convergence Divergence, also ein Indikator für das Zusammen- beziehungsweise Auseinanderlaufen von gleitenden Durchschnitten. Der MACD-Indikator berechnet sich durch die Differenzbildung von zwei exponentiell gleitenden Durchschnitten.

Die Darstellung erfolgt in einem Extrafeld unterhalb des Charts. Der MACD wird zusammen mit einer Signallinie, der sogenannten Triggerlinie, dargestellt (Abbildung 2.17). Hinzu kommt eine Mittellinie, auch Nulllinie genannt.

Beim MACD-Indikator gibt es folgende klassische Interpretationsmöglichkeiten:

1. Steigt der MACD, wird ein Aufwärtstrend signalisiert, fällt er, ein Abwärtstrend.
2. Kreuzt der MACD seine Signallinie von unten nach oben, entsteht ein Kaufsignal. Ein Verkaufssignal bildet sich, wenn er seine Signallinie von oben nach unten kreuzt.
3. Ebenso werden Kauf- beziehungsweise Verkaufssignale ausgelöst, wenn der MACD die Nulllinie schneidet.
4. Steigen die Kurse in einem Aufwärtstrend zum Beispiel weiter an, der MACD beginnt jedoch zu fallen, dann liegt eine sogenannte Divergenz vor. Diese deutet meist auf eine mögliche Abschwächung des Trends oder einen Trendwechsel hin.

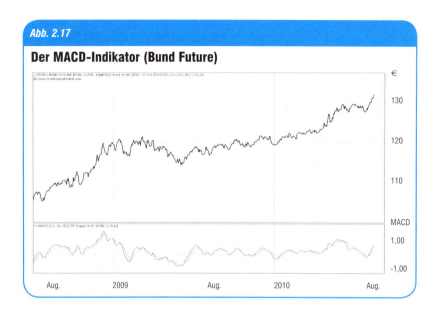

Wichtig ist, dass Sie den MACD nur in Märkten mit ausgeprägten Trends verwenden. In sehr volatilen Märkten oder auch ausgeprägten Seitwärtsphasen liefert der MACD meist keine zufriedenstellenden Ergebnisse.

Die Bollinger-*Bänder*

Der Händler John Bollinger entwickelte in den 1980er-Jahren dieses Verfahren. Grundlage ist ein gleitender Durchschnitt mit der Standardeinstellung über 20 Zeiteinheiten. Um diese Durchschnittslinie werden zwei Bänder gelegt, das obere und das untere Bollinger-Band (siehe Abbildung 2.18). Beide Bänder berechnen sich anhand einer statistischen Standardabweichung. Somit drückt sich in den Bollinger-Bändern auch die Volatilität des Basiswertes aus. Ist die Schwankungsbreite eher gering, ziehen sich die Bänder um den gleitenden Durchschnitt zusammen. Steigt die Volatilität stark an, weiten sich die Bänder.

Die Bollinger-Bänder werden dabei direkt im Chartverlauf dargestellt.

Viele Trader nutzen die Bollinger-Bänder, um daraus direkte Kauf- und Verkaufssignale abzuleiten. So wird zum Beispiel verkauft, wenn der Kurs das obere Bollinger-Band berührt. Analog dazu wird gekauft, wenn der Kurs das untere Band berührt.

Mit dieser Interpretation wird John Bollingers Intention jedoch verfehlt. Bollinger wollte in erster Linie darstellen, ob die Preise auf einer relativen Basis hoch oder niedrig sind. Erst in Kombination mit anderen Indikatoren, wie beispielsweise Indikatoren für das Handelsvolumen, lassen sich die Bollinger-Bänder nutzen, um Handelssignale zu generieren.

Wer sich mit diesem Indikator näher beschäftigen möchte, dem sei weiterführende Literatur dazu empfohlen.

Abb. 2.18

Die Bollinger-Bänder (Euro Stoxx 50)

Der Stochastik-*Indikator*

Der Stochastik-Indikator gehört zur Gruppe der Oszillatoren und wurde von George C. Lane entwickelt. Oszillatoren bewegen sich zwischen zwei Extremwerten.

Beim Stochastik-Indikator sind das die Werte 0 und 100 (Abbildung 2.19), wobei Werte über 80 und unter 20 als Extremzonen interpretiert werden.

Diesen Indikator sollten Sie bevorzugt in Seitwärtsmärkten verwenden, in Trendmärkten liefert er dagegen vermehrt Fehlsignale. In einem Seitwärtsmarkt werden die Signale des Indikators wie folgt interpretiert:

1. Erreicht der Stochastik-Indikator eine der Extremzonen, also Werte über 80 beziehungsweise unter 20, dann wird von einem überkauften beziehungsweise überverkauften Markt gesprochen.

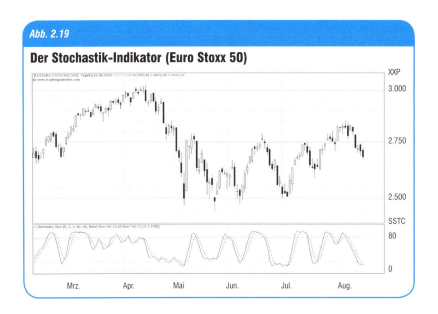

Abb. 2.19
Der Stochastik-Indikator (Euro Stoxx 50)

2. Verlässt er diese Zonen – fällt er unter 80 oder steigt über 20 –, können Sie das als Verkaufs- beziehungsweise Kaufsignal werten.
3. Schneidet der Indikator seine Signallinie von unten nach oben, liegt ein Kaufsignal vor. Ein Verkaufssignal wird erzeugt, wenn der Indikator seine Signallinie von oben nach unten durchbricht.

Auch bei diesem Indikator gilt: Allein das Befolgen der Signale garantiert noch kein erfolgreiches Trading. Erst in der Kombination mit einem strikten Risiko- und Money-Management können Sie in Seitwärtsphasen positive Ergebnisse erwirtschaften.

Der Relative-Stärke-Index

Auch dieser Indikator gehört zur Gruppe der Oszillatoren und wurde 1978 von Welles Wilders entwickelt. Die Auf- und Abwärtsbewegungen

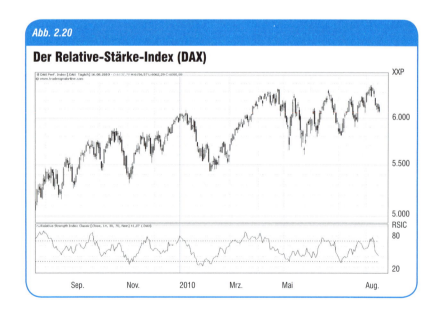

Abb. 2.20
Der Relative-Stärke-Index (DAX)

eines Wertpapieres werden dabei über einen gewissen Zeitraum zueinander ins Verhältnis gesetzt.

Der Relative-Stärke-Index – kurz RSI – schwankt zwischen den Werten 0 und 100 (siehe Abbildung 2.20). Werte größer als 70 signalisieren im RSI einen überkauften Markt, Werte unter 30 einen überverkauften Markt. Von einem Verkaufssignal wird gesprochen, wenn der RSI den oberen Extrembereich verlässt und auf Werte unter 70 fällt. Ein Kaufsignal wird generiert, wenn der RSI aus dem unteren Extrembereich auf Werte von über 30 ansteigt.

Das Tradingtagebuch

Der zentrale Bestandteil Ihrer Dokumentation ist ein Tradingtagebuch. Hier tragen Sie alle Trades ein und notieren die wichtigsten Daten zu jedem Trade. Dabei sollten Sie Ihr Tradingtagebuch in elektronischer Form führen. Nur so können Sie die Daten später auch sinnvoll auswerten und Rückschlüsse daraus ziehen.

Die wichtigsten Informationen, welche Ihr Tradingtagebuch enthalten sollte, sind die folgenden:

- Datum Einstieg / Ausstieg
- vorhandenes Tradingkapital
- gehandeltes Instrument
- Richtung, also long oder short
- Einstiegskurs
- Größe der Position
- Risiko einer Position
- Stoppkurs bei Eröffnung bzw. nachgezogener Stoppkurs
- Ausstiegskurs
- Haltedauer in Nächten

– Ergebnis vor Gebühren
– Gebühren
– eventuelle Finanzierungskosten
– Ergebnis nach Gebühren und Finanzierungskosten
– Bemerkungen / Sonstiges

Ein Beispiel, wie man diese Informationen mithilfe eines einfachen Tabellenkalkulationsprogrammes erfassen kann, sehen Sie in der Tabelle rechts.

Besonders zu beachten ist der Punkt Bemerkungen / Sonstiges. Hier halten Sie die sogenannten „weichen Daten" jedes Trades fest. Dazu gehört eine kurze Begründung, warum Sie den Trade eingegangen sind und wie und aus welchem Grund der Trade wieder geschlossen wurde. Ebenso notieren Sie etwaige Abweichungen von Ihrem Regelwerk und die Gründe dafür, aber auch Ihre mentale Verfassung bei jedem Trade. Haben Sie sich vielleicht sehr gestresst und mit persönlichen Problemen beladen vor den Handelsbildschirm gesetzt, ist das eine wichtige Information. Gestaltet sich solch ein Handelstag für Sie negativ, weil Ihre angespannte private Situation sich auf Ihr Trading ausgewirkt hat, können Sie in der Rückschau anhand Ihrer Aufzeichnungen Ihr Verhalten gezielt analysieren. Kommen Sie zu einem späteren Zeitpunkt wieder in eine vergleichbare Lage, sind die Voraussetzungen gut, dass Sie Ihre Fehler nicht wiederholen. Die Aufzeichnungen über Ihren mentalen Zustand sind also mindestens genauso wertvoll wie die harten Zahlen und Fakten.

Das Tradingtagebuch trägt maßgeblich dazu bei, Ihre Tradingfehler zu analysieren und aus ihnen zu lernen. Dazu ist es jedoch notwendig, dass Sie sich in gewissen Abständen mit Ihren Aufzeichnungen intensiv beschäftigen und sie auswerten. Ein gut geführtes Tradingtagebuch gibt Ihnen auch die nötige Sicherheit, gerade in schwierigen Situationen.

Daytrading-Tagebuch DAX – Beispiel CFD-Handel

Datum / Einstieg	28.04.10	29.04.10	30.04.10
Tradingkapital in Euro	50.000,00	50.863,00	
Instrument	DAX-CFD		
Long/Short	Short		
Kurs / Einstieg	6.142,00		
Stopp bei Einstieg	6.365,00		
Risiko in Euro / Punkten	223,00		
Größe der Position	2		
Risiko in % vom Tradingkapital	0,89		
Stopp nachgezogen bei	6.167,00		
Datum / Ausstieg	06.05.10		
Kurs / Ausstieg	5.703,00		
Haltedauer in Nächten	8		
Ergebnis vor Gebühren in Euro	878,00		
Gebühren in Euro	15,00		
Ergebnis nach Gebühren in Euro	863,00		
Bemerkungen / Sonstiges	Einstieg streng nach Regelwerk, Trade manuell bei Wall-Street-Crash glattgestellt		

Crashkurs Trading

Hat ein Trader zum Beispiel eine Phase mit mehreren Verlusttrades in Folge, wird er sich, sofern er keine Aufzeichnungen macht, die Frage stellen, ob sein Handelssystem noch das richtige ist. Der Trader mit einem guten Tradingtagebuch wird hingegen feststellen, dass solche Phasen auch in der Vergangenheit immer wieder vorgekommen sind und sich anschließend meist ein sehr profitabler Trade ergeben hat. Somit wird er an seiner ursprünglichen Strategie festhalten und gute Chancen haben, den nächsten größeren Gewinntrade mitzunehmen. Ergänzend zu Ihrem Tradingjournal sollten Sie einige weitere Daten Ihrer Trades kumulierend festhalten. Dazu gehören folgende Angaben:

- Gesamtanzahl aller bisherigen Trades
- davon positiv / negativ
- Trefferquote
- Gewinn gesamt
- Ø Gewinn pro Trade in Euro
- Ø Verlust pro Trade in Euro
- Profitfaktor
- Ø Haltedauer der positiven Trades in Tagen / Wochen (entfällt beim Daytrading)
- Ø Haltedauer der negativen Trades in Tagen / Wochen (entfällt beim Daytrading)
- maximaler Drawdown (höchster Einzelverlust bzw. längste Verlustserie in Folge)

Diese Größen sind die zentralen Analysegrößen Ihres Tradings beziehungsweise eines Handelssystems. Sie signalisieren Ihnen auch, wenn sich Trades ergeben, die stark von den bisherigen Daten abweichen, zum Beispiel ein in der Höhe noch nie da gewesener Verlust. Wie Sie diese Daten berechnen und auswerten, erfahren Sie im Kapitel 5.

Es reicht beim Trading also nicht, dass Sie die Kontoauszüge Ihres Brokers abheften beziehungsweise speichern. Erst ein gut geführtes Tradingjournal versetzt Sie in die Lage, ein vernünftiges Controlling Ihrer Trades durchzuführen und aus Tradingfehlern zu lernen. Dies unterscheidet den erfolgreichen Trader vom erfolglosen.

Orderarten

Market-Order

Wenn Sie Ihren Kauf- oder Verkaufsauftrag ohne Limit versehen, wird der Auftrag zum nächsten gestellten Kurs ausgeführt. Man spricht hier von einer Market-Order. Bei einem Kauf trägt die Order auch den Zusatz „billigst", bei einer Verkaufsorder „bestens". Der nächste gehandelte Kurs kann deutlich vom letzten Kurs abweichen. Dies ist besonders bei sehr marktengen und hoch volatilen Werten der Fall. Vorsichtig sollte man mit einer Market-Order unmittelbar vor der Bekanntgabe wichtiger Wirtschaftsdaten wie zum Beispiel den US-Arbeitsmarktdaten sein. Hier schwanken die Kurse beispielsweise beim DAX-Future teilweise so heftig, dass die Order zu einem Kurs ausgeführt werden kann, der deutlich vom letzten gehandelten Kurs abweicht. Ein eindeutiger Vorteil einer Market-Order dagegen ist, dass Sie auf jeden Fall ausgeführt wird. Sie kommen also schnell in den Markt herein und heraus.

Limit-Order

Mit einer Limit-Order legen Sie den Kurs fest, den Sie bei einem Kauf maximal zu bezahlen bereit sind beziehungsweise den Sie bei einem Verkauf auf jeden Fall erzielen möchten.

Dabei kann man folgende Arten von Limit-Orders unterscheiden.

Limit *beim Kauf*

Sie möchten keinen höheren Preis für ein Wertpapier bezahlen, als Sie vorher festgelegt haben. Solange der Kurs darüber notiert, wird Ihre Order nicht ausgeführt, erst wenn ein Handel genau zu Ihrem Kurslimit oder darunter stattfindet, erfolgt eine Ausführung.

Beispiel Sie möchten 100 Aktien der Allianz kaufen, wollen aber dafür nicht mehr als 81,00 Euro bezahlen. Ihr Kaufauftrag lautet: Kauf 100 Stück Allianz, Limit 81,00 Euro.

Eine zweite Anwendung einer Kauforder mit Limit liegt vor, wenn Sie erst dann kaufen wollen, wenn der Kurs eine bestimmte Marke überschreitet. Dies kann zum Beispiel die Überwindung eines charttechnischen Widerstandes sein, was weiter steigende Kurse vermuten lässt. Dann geben Sie eine sogenannte Stop-Buy-Order auf. Überschreitet der Kurs Ihre Limitmarke, wird aus der Order automatisch eine Market-Order und zum nächsten gehandelten Kurs erfolgt dann die Ausführung.

Beispiel Sie wollen 200 Aktien der SAP kaufen, aber erst wenn der Kurs den charttechnischen Widerstand bei 38,25 gebrochen hat. Ihre Stop-Buy-Order in diesem Fall: Kauf 200 Stück SAP, Stop-Buy, Limit 38,25.

Oft ermöglicht es der Broker, die Stop-Buy-Order zusätzlich mit einem Limit zu versehen. Dies hat den Vorteil, dass Ihre Order nach Überschreiten der Limitmarke nicht automatisch zur Market-Order wird. Eine Ausführung erfolgt nur dann, wenn der Kurs nicht höher als Ihr Limit ist.

Limit beim Verkauf

Hier legen Sie mit Ihrem Limit den Kurs fest, welchen Sie auf jeden Fall beim Verkauf erzielen möchten. Notiert der Kurs darunter, wird Ihre Order nicht ausgeführt.

Erst wenn ein Handel zu Ihrem Limitpreis oder darüber stattfindet, wird die Verkaufsorder ausgeführt.

Beispiel: Sie beabsichtigen zwei DAX-Future-Kontrakte zu verkaufen, aber erst bei 6.100 Punkten. Aktuell notiert der Markt bei 6.073 Punkten. Sie geben folgende limitierte Verkaufsorder auf: Verkauf 2 DAX-Future, Limit 6.100 Punkte.

Eine besondere Form des Verkaufslimits ist die sogenannte Stop-Loss-Order.

Diese nutzt man, um eine bestehende Long-Position abzusichern. Unterschreitet der Kurs Ihr Stop-Loss-Limit, wird aus der Order eine Market-Order und die Ausführung erfolgt zum nächsten gehandelten Kurs. Dieser kann natürlich deutlich vom ursprünglichen Stop-Loss-Limit abweichen. Dennoch ist die Stop-Loss-Order ein sinnvolles Instrument, um zum Beispiel Aktienpositionen gegen zu große Verluste durch fallende Kurse zu schützen oder bestehende Gewinne in einer Position abzusichern.

Beispiel

Sie haben 125 Daimler-Aktien bei 40,50 Euro gekauft. Gleich nach dem Kauf wollen Sie sich gegen zu große Verluste absichern. Ihr Stoppkurs beträgt 38,75 Euro.
Sie platzieren folgende Stop-Loss Order: Verkauf 125 Stück Daimler, Stop-Loss, Limit 38,75 Euro.

Trailing-*Stop-Order*

Es handelt sich hier um eine spezielle Art der Stop-Order. Der Stoppkurs wird dabei automatisch in einem gewissen Abstand zum aktuellen Kurs nachgezogen.

Dieser Abstand kann entweder ein prozentualer oder ein Abstand in Punkten beziehungsweise Euro sein. Gerade in sehr dynamischen Trendmärkten lassen sich so Stoppkurse automatisch nachziehen. Der Nachteil ist jedoch, dass bei einem Trailing-Stop von beispielsweise zehn Prozent der Stopp zwar stets um diesen Wert nachgezogen wird, wichtige charttechnische Marken so jedoch kaum berücksichtigt werden können.

Garantierte *Stop-Order*

Gegen eine zusätzliche Gebühr können Sie bei manchen Anbietern eine garantierte Stop-Order aufgeben. Diese Orderart garantiert Ihnen, dass Ihr Auftrag auf jeden Fall zu der von Ihnen festgelegten Stoppmarke ausgeführt wird, selbst dann, wenn aufgrund einer

Kurslücke über Nacht der Kurs deutlich unter Ihrer Stoppmarke notiert. Diese Sicherheit lassen sich die Anbieter mit deutlich höheren Gebühren als bei normalen Stop-Orders bezahlen.

Kombinierte Orderarten

Die Kombination von mehreren Orders ermöglicht es dem Trader, flexibel auf verschiedene Szenarien am Markt zu reagieren. Außerdem sind Orderkombinationen für Trader, die nicht ständig am Handelsbildschirm sitzen wollen oder können, ein sehr hilfreiches Werkzeug.

If-Done-Order

Hier werden zwei Orders so miteinander verknüpft, dass die zweite Order immer erst dann aktiv wird, wenn die erste Order bereits ausgeführt ist.

Beispiel

Sie möchten morgen eine Long-Position im DAX mit zwei CFD-Kontrakten eröffnen. Der DAX hat heute bei 6.120 Punkten geschlossen. Sie wollen nicht mehr als diese 6.120 Punkte bezahlen. Gleichzeitig möchten Sie sich aber bei 5.995 Punkten gegen weitere Verluste schützen und die Position glattstellen. Leider haben Sie morgen nicht die Möglichkeit, die Markteröffnung vor dem Handelsbildschirm zu verfolgen und Ihre Einstiegs- und Stop-Order live zu platzieren. Durch die If-Done-Verknüpfung können Sie das jedoch bereits am Vorabend tun. Ihre Order lautet dann wie folgt: Kauf 2 DAX CFDs Limit 6.120 Punkte – If-Done – Stopp Verkauf 2 DAX CFDs Limit 5.995 Punkte.

Durch die Orderverknüpfung können Sie sicher sein, dass nach Ausführung Ihrer Kauforder am nächsten Tag automatisch eine Stop-Order für Ihre Position platziert wird. Somit haben Sie die Gewissheit, dass mögliche Verluste automatisch begrenzt werden, auch wenn Sie den Markt an dem Tag nicht verfolgen können.

Gerade für nebenberufliche Trader ist das eine sehr komfortable Sache. Bei einigen Brokern wird die If-Done-Order auch als Next-Order bezeichnet.

One Cancels the Other (OCO-Order)

Hier können Sie zwei Orders so miteinander verknüpfen, dass entweder die eine oder die andere ausgeführt wird, je nachdem, welche von beiden Marken zuerst erreicht wird. Ist eine von beiden ausgeführt worden, erlischt die zweite automatisch.

Laut den Konditionen vieler Anbieter dürfen beide Orders jedoch nicht zu nahe beieinander liegen.

Beispiel

Sie sind mit zwei DAX-CFDs long im Markt, Ihr Einstieg war bei 5.850 Punkten. Aktuell steht der Markt bei 5.890 Punkten, Sie sind also mit 40 Punkten im Plus.

Sie möchten nun zum einen mit einem Stoppkurs auf Einstand mögliche Verluste verhindern, bei einem möglichen Kurs von 6.050 Punkten aber auch den Gewinn von dann 200 Punkten pro CFD-Kontrakt realisieren. Ihre OCO-Order dazu sieht wie folgt aus: 2 DAX CFDs Verkauf OCO, Stopp: 5.850 Punkte, Limit: 6.050 Punkte.

Wird eine der beiden Marken erreicht, also 5.850 oder 6.050, hat dies eine Ausführung an jeweils dieser Marke zur Folge.

Die zweite nicht ausgeführte Order wird automatisch gelöscht. Mit dieser Orderkombination kann man zum einen den Stoppkurs für seine Position setzen, aber auch gleichzeitig beim Erreichen eines Kurszieles die Gewinnmitnahme veranlassen.

Gültigkeit einer Order

Für die vorgestellten Ordertypen können Sie meist zusätzlich die Dauer bestimmen, wie lange die Order ihre Gültigkeit behalten soll.

Good For Day (DAY oder GFD)

Diese Order ist nur am Tag der Eingabe gültig und wird nach Handelsschluss automatisch gelöscht. Sie ist also nur tagesgültig.

Good Till Date

Hier können Sie selbst ein Datum frei auswählen, bis zu welchem Ihre Order gültig sein soll. Danach wird die Order automatisch gelöscht.

Good Till Cancelled (GTC)

Bei diesem Orderzusatz bleibt Ihre Order in der Regel bis auf Widerruf beziehungsweise bis zur Ausführung gültig. Es gibt aber Broker und Banken, die Orders mit der Gültigkeit GTC zum Beispiel am Monatsende löschen. Informieren Sie sich hier genau über die Verfahrensweise Ihres Anbieters.

Ultimo

Mit dem Zusatz „Ultimo" gilt Ihre Order bis zum Ende des laufenden Monats.

Sie können die Gültigkeit der Order aber auch über mehrere Monate aufrechterhalten. Geben Sie zum Beispiel am 20. April eine Order mit dem Zusatz „Ultimo 08" ein, dann gilt Ihre Order bis zum 31. August des laufenden Jahres.

Kapitel 3

Risiko- und Money-Management

Wenn Sie einen erfahren Trader fragen, welches Kapitel in „Crashkurs Trading" das allerwichtigste ist, dann wird er Ihnen mit hoher Wahrscheinlichkeit antworten: „Dieses!" Ohne ein vernünftiges Risiko- und Money-Management ist kein langfristiger Tradingerfolg möglich. So könnte die zentrale Aussage der nächsten Seiten lauten.

Trading ist die Art des Geldverdienens, welche vermutlich mit den meisten und am wenigsten kalkulierbaren Risiken behaftet ist. Verinnerlichen Sie daher die folgenden Methoden zur Risikokontrolle und handeln Sie nie ohne sie. Ihr Tradingkonto wird Ihnen jährlich ein dickes Dankeschön sagen.

> **!** Ein gutes Risiko- und Money-Management wird von erfahrenen Tradern als der Schlüssel zum Erfolg schlechthin angesehen. Verlieren Sie diesen Schlüssel nie!

Das Risikomanagement

Vor jedem Trade haben Sie es mit der gleichen Situation zu tun, einer Situation extremer Unsicherheit. Kein Trader auf dieser Welt weiß vor einem Trade, ob sich dieser wirklich zu einem Gewinner oder doch zu einem Verlierer entwickeln wird. Diese Situation der Ungewissheit ist für die Spezies Mensch ein extrem unangenehmes, ja sogar beängstigendes Gefühl, da Sicherheit zu unseren Grundbedürfnissen zählt. In einer unsicheren Situation neigen wir Menschen dazu, entweder die Risiken völlig auszublenden oder uns mit vermeintlich planbaren Aspekten zu beschäftigen. Viele Trader machen sich deshalb über die Risiken nur sehr wenige Gedanken und orientieren sich lieber an den scheinbar planbaren Gewinnen. Und genau hier ist der Ausgangspunkt für einen der häufigsten Fehler beim Traden.

Der erfolgreiche Trader beschäftigt sich vorab mit dem Einzigen, was er vor einem Trade wirklich planen kann – den Verlusten. Sicherlich ist es psychologisch gesehen viel angenehmer, sich mit den möglichen Gewinnen zu befassen. Der entscheidende Nachteil ist jedoch: Sie können sie nicht planen!

Wer sich vor jedem Trade intensiv mit den möglichen Verlusten beschäftigt und diese strategisch plant, kann dem Trading entspannt entgegensehen. Denn Sie haben vorab die Gewissheit, dass Sie nicht mehr Geld verlieren werden, als Sie im Vorfeld festgelegt haben.

Verluste sind beim Trading im Gegensatz zu möglichen Gewinnen planbar. Beschäftigen Sie sich daher zuerst mit den möglichen Verlusten, bevor Sie einen Trade eröffnen.

Das Risikomanagement beantwortet die für Sie zentrale Frage: „Wie viel Kapital werde ich maximal verlieren?"

Diese Frage, welche Sie vor jedem Trade neu beantworten müssen, sichert Ihnen das Überleben im Tradinggeschäft. Nachfolgend erfahren Sie, wie Sie das Risiko jedes einzelnen Trades in den Griff bekommen, aber auch, welche Risikokennziffern für Ihr gesamtes Tradingkonto wichtig sind.

Risikomanagement eines einzelnen Trades

Die erste Frage, welche Sie als Trader beim Risikomanagement beantworten müssen, lautet: „Wie viel Risiko möchten Sie pro Trade eingehen?" Fragt man Neueinsteiger im Tradinggeschäft, so liegen die gängigen Antworten meist zwischen einem und zehn Prozent des vorhandenen Tradingkapitals. Auf den ersten Blick liegen diese Antworten nicht sehr weit voneinander entfernt. Doch weit gefehlt!

Verfolgen Sie die Entwicklung von Tradingkontos mit jeweils 10.000,- Euro Startkapital von drei Tradern mit unterschiedlichen Risikogrößen pro Trade.

Trader A riskiert pro Trade ein Prozent seines vorhandenen Tradingkapitals, zu Beginn also 100,- Euro, Trader B riskiert drei Prozent, also 300,- Euro, und Trader C schließlich riskiert zehn Prozent, also 1.000,- Euro. Alle drei Trader handeln nach dem gleichen System, was ihnen zu Beginn des Tradings jeweils fünf Fehltrades in Folge beschert.

Die Entwicklung des Tradingkapitals sehen Sie in Abbildung 3.0.

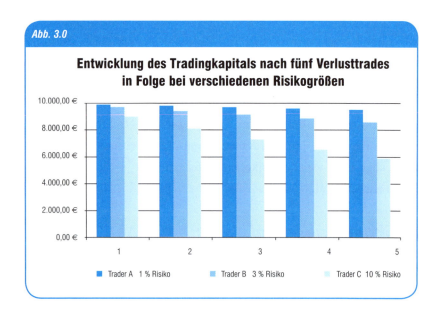

Nach diesen fünf Verlusttrades sehen die Kontostände wie folgt aus (Abbildung 3.1):

Trader A   9.509,90 Euro
Trader B   8.587,34 Euro
Trader C   5.904,90 Euro

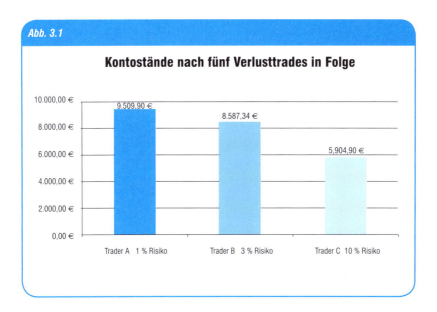

Welchem der drei Trader trauen Sie zu, in absehbarer Zeit wenigstens wieder auf sein Ausgangskapital zu kommen? Am schnellsten wird sich das Tradingkonto von Trader A von dieser Verlustserie erholen. Er benötigt lediglich einen Zuwachs von 5,15 Prozent, um sein Startkapital wieder zu erreichen, beim Trader B sind es bereits 16,45 Prozent, Trader C hingegen benötigt stolze 69,35 Prozent.

An diesem Beispiel wird deutlich, wie stark das eingegangene Risiko pro Trade die Gesamtperformance Ihres Tradingkontos beeinflusst.

Eine Verlustserie von fünf Trades in Folge ist dabei durchaus realistisch und kann in jedem Tradingsystem vorkommen. Konservative Trader riskieren daher meist nur ein Prozent ihres Tradingkapitals bei jedem Trade, etwas aggressivere Trader wählen ein Risiko bis zu drei Prozent pro Trade. Drei Prozent Risiko pro Trade sollten aber auch gleichzeitig die absolute Obergrenze darstellen. Alles darüber ist ruinös und führt mit sehr hoher Wahrscheinlichkeit zur baldigen Vernichtung Ihres Tradingkapitals.

> **!** Riskieren Sie am Anfang nicht mehr als ein Prozent Ihres vorhandenen Tradingkapitals pro Trade. Erst wenn Sie bereits mehr Erfahrung gesammelt haben, können Sie bis zu drei Prozent riskieren, dies ist aber bereits die absolute Obergrenze für ein risikobewusstes Trading!

Sie haben nun bereits eine sehr wichtige Größe Ihres Risikomanagements bestimmt. Mit der folgenden Formel können Sie errechnen, wie viel Euro Sie bei jedem Trade verlieren dürfen, wenn Sie ein Prozent Ihres Handelskapitals pro Trade riskieren:

Risiko pro Trade in Euro = Tradingkapital in Euro x 1 Prozent

Sie wissen also schon im Voraus, wie hoch der maximale Verlust aus einem Trade in der Regel sein wird. Neben der prozentualen Methode gibt es auch die Möglichkeit, bei jedem Trade einen festen Betrag in Euro zu riskieren. Diese Variante hat aber den Nachteil, dass immer der gleiche Betrag, unabhängig von der jeweiligen Höhe Ihres Tradingkapitals, riskiert wird. Daher ist der prozentualen Methode der Vorzug zu geben.

Natürlich ist eine Risikobetrachtung nur sinnvoll, wenn Sie auftretende Verluste konsequent durch Stoppkurse begrenzen. Gerade beim Trading, wo sehr oft auch mit gehebelten Produkten gehandelt wird, sind Stoppkurse ein ganz zentraler Bestandteil des Risikomanagements. Ohne das aktive Setzen von Stoppkursen ist die gerade durchgeführte Risikobetrachtung wertlos. Mehr zum Thema Stoppkurse erfahren Sie am Schluss dieses Kapitels.

Das Money-*Management*

Die zweite tragende Säule der Risikokontrolle beim Trading ist das richtige Money-Management. Die zentrale Aufgabe des Money-Managements ist der Schutz Ihres Tradingkapitals. Gleichzeitig beantwortet es Ihnen bei jedem Trade die Frage: „Wie viel Stück eines Finanzinstruments kann ich kaufen?"

> **!** Aufgabe des Money-Managements ist es, Ihr eingesetztes Tradingkapital zu schützen. Es beantwortet Ihnen auch die Frage: „Wie viel Stück eines Finanzinstruments kann ich kaufen?"

Viele private Trader beantworten diese Frage für sich sehr unterschiedlich. So wird die Anzahl der Papiere oft quasi aus dem Bauch heraus bestimmt. Sind die vermeintlichen Gewinnaussichten hoch, wird oft eine sehr große Position eröffnet. Andere wiederum handeln immer die gleiche Stückzahl eines Finanzinstruments. Beide Herangehensweisen sind jedoch für das Trading ungeeignet und werden nicht zum Erfolg führen, da keinerlei Anpassung der Positionsgröße an die Höhe Ihres aktuell vorhandenen Tradingkapitals erfolgt.

Ein erster Schritt in Richtung eines funktionierenden Money-Managements ist das System der gleichen Einheiten. Dabei wird Ihr Tradingkapital in gleich große Einheiten unterteilt, ein 20.000-Euro-Tradingkonto beispielsweise in fünf Einheiten zu je 4.000,- Euro. Sie können also insgesamt fünf verschiedene Positionen eröffnen, jeweils mit einem Wert von 4.000,- Euro. Teilt man nun bei einer neuen Position die 4.000,- Euro durch den Kurs der Aktie, beispielsweise 50,- Euro, könnten Sie 80 Stück kaufen. Je nachdem wie weit Ihr Stoppkurs entfernt liegt, kann aus diesem Trade jedoch trotzdem ein Verlust entstehen, der höher ist als Ihr Limit von einem Prozent vom Tradingkapital. Liegt Ihr Stoppkurs in diesem Beispiel bei 40,- Euro und Sie werden ausgestoppt, verlieren Sie mit dieser Position insgesamt 800,- Euro, 80 Stück x (50 Euro – 40 Euro). Diese 800,- Euro sind aber bereits vier Prozent unseres 20.000-Euro-Tradingkontos. Das System der gleichen Einheiten kann also die festgelegten Risikoparameter verletzen und erfüllt daher nicht die Anforderungen an ein professionelles Risiko- und Money-Management. Ein besserer Ansatz als ständig wechselnde Bauchentscheidungen ist es aber allemal.

Doch wie lautet die optimale Variante zur Bestimmung der Positionsgröße eines Trades? Dazu ein einfaches Beispiel. Sie möchten Aktien der BASF AG kaufen, da der Kurs gerade das alte Hoch bei knapp 45,00 Euro überwunden hat. Aufgrund der Charttechnik gehen Sie von weiter steigenden Kursen aus (siehe Abbildung 3.2).

Der Kurs steht aktuell bei 45,00 Euro. Den Stoppkurs setzen Sie bei 43,90 Euro, knapp unter eines der letzten markanteren Tiefs vor der Ausbruchsbewegung.

Das Risiko einer BASF-Aktie beträgt also 1,10 Euro, resultierend aus der Differenz zwischen Kauf- und Stoppkurs. Dabei gehen wir von einem Tradingkapital von 20.000,- Euro und einem Risiko von einem Prozent pro Trade vom vorhandenen Tradingkapital, also 200,- Euro, aus.

Die zu kaufende Stückzahl berechnen Sie wie folgt:

$$\frac{\text{Risiko pro Position}}{(\text{Kaufkurs - Stoppkurs})} = \text{Stückzahl}$$

$$\frac{200,\text{- Euro}}{(45,00 \text{ Euro} - 43,90 \text{ Euro})} = \begin{array}{l}181,82 \\ \text{abgerundet} \\ 181 \text{ Stück}\end{array}$$

Sie können bei diesem Trade 181 BASF-Aktien kaufen, keine mehr, aber auch keine weniger. Nur so können Sie sicher sein, dass Sie nicht mehr als die geplanten 200,- Euro verlieren, falls der Kurs doch nicht weiter steigt, sondern fällt und Sie bei 43,90 Euro ausgestoppt werden. Wichtig ist natürlich, dass Sie den Stoppkurs unmittelbar nach dem Kauf auf Ihrer Handelsplattform eingeben. Wäre der Kurs nach dem Kauf bei 45,00 Euro wieder gefallen und hätte Ihren Stopp ausgelöst, dann wäre ein Verlust von 199,10 Euro (181 Stück x 1,10 Euro) entstanden.

Hätten Sie bei der ermittelten Stückzahl nicht ab-, sondern aufgerundet, also 182 Stück gekauft, wäre im Verlustfall ein negativer Betrag von 200,20 Euro angefallen.

Auch wenn dies nur marginal über den eingeplanten 200,- Euro liegt, sollten Sie sicherheitshalber immer abrunden. Dies lässt Ihnen auch etwas Puffer, wenn der Ausführungskurs Ihres Auftrages ein wenig schlechter ist, als Sie geplant haben.

Der Unterschied zwischen dem geplanten und dem tatsächlichen Ausführungskurs wird auch als Slippage bezeichnet.

Im nächsten Schritt lassen wir in unsere Berechnung noch die Gebühren für die Transaktion einfließen, denn diese können bei sehr aktiven Tradern durchaus ins Gewicht fallen. Dazu ziehen Sie vom Risiko pro Position noch die gesamten Gebühren ab, sprich, die Summe aller Gebühren, welche bei der Eröffnung und beim Schließen der Position anfallen.

Auf diese Weise erhalten Sie die Money-Management-Formel, welche Sie vor jedem Trade zur Bestimmung Ihrer Positionsgröße verwenden sollten.

$$\text{Stückzahl} = \frac{\text{Risiko pro Position} - \text{Gebühren gesamt}}{\text{Kaufkurs} - \text{Stoppkurs}}$$

Risiko- und Money-Management
eines Tradingdepots

Nachdem Sie die Risikokennziffern eines einzelnen Trades kennengelernt haben, kommen wir nun zu den Risiken des gesamten Handelskontos. Dies ist deshalb wichtig, weil Sie oft mehrere Positionen gleichzeitig eröffnen. Bei Ihrem Handelskonto kommt es auf drei wichtige Kennziffern an, die Sie immer im Blick haben müssen.

Das maximale Gesamtrisiko

Die erste Kenngröße ist das maximale Gesamtrisiko. Das ist der Teil Ihres gesamten Tradingkontos, den Sie bereit sind, maximal zu verlieren. Oder anders ausgedrückt, sollten alle offenen Tradingpositionen an einem Tag mit dem maximal geplanten Verlust ausgestoppt werden, wie viel Kapital verlieren Sie dann? Auch wenn diese Situation den

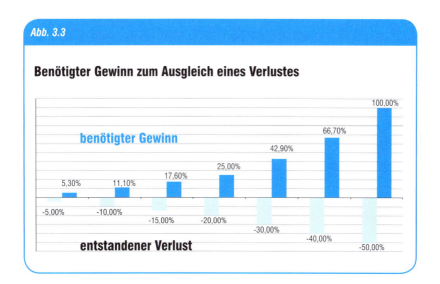

Abb. 3.3 Benötigter Gewinn zum Ausgleich eines Verlustes

Super-GAU darstellt, ist an den Märkten nichts unmöglich. Deshalb sollten Sie diesen Fall mit einkalkulieren.

Wie viel darf man mit einem Tradingkonto auf einen Schlag höchstens verlieren, um danach trotzdem noch handlungsfähig zu bleiben? Um eine Antwort auf diese Frage zu finden, lohnt es sich, einen Blick auf den benötigen Gewinn zum Ausgleich eines entstandenen Verlustes zu werfen (siehe Abbildung 3.3).

Nach einem Verlust von fünf Prozent benötigen Sie einen Gewinn von 5,3 Prozent, um Ihr Ausgangskapital wieder zu erreichen. Bei einem Verlust von 20 Prozent sind bereits 25 Prozent positive Performance notwendig, um den entstandenen Verlust auszugleichen. Wer sein Tradingkonto durch Verluste halbiert, muss sein noch vorhandenes Kapital verdoppeln, um wenigstens wieder bei plus minus null zu stehen. Dabei haben Sie noch keinen Cent verdient und die Kosten wurden nicht berücksichtigt. Das maximale Gesamtrisiko sollte am Anfang daher eine Größenordnung von 15 Prozent nicht überschreiten. Wenn das Worst-Case-Szenario eintritt und alle Tradingpositionen mit Verlust ausgestoppt werden, verlieren Sie nicht mehr als diese 15 Prozent. Danach benötigen Sie knapp 18 Prozent positive Entwicklung, um das verlorene Kapital zurückzugewinnen.

Dies ist bereits ambitioniert genug, liegt aber im Bereich dessen, was in einem überschaubaren Zeitrahmen im Trading machbar ist. Mehr als 15 Prozent Gesamtrisiko sollten Sie zu Beginn Ihrer Traderkarriere also keinesfalls eingehen.

Legen Sie vor Beginn der Tradingtätigkeit das maximale Gesamtrisiko Ihres Kontos fest. Zu Anfang sollte dieses Risiko nicht mehr als 15 Prozent betragen.

Das aktuelle *Gesamtrisiko*

Das aktuelle Gesamtrisiko bezeichnet die Summe aller zurzeit bestehenden Einzelrisiken eines Tradingkontos. Haben Sie in einem 20.000-Euro-Tradingdepot fünf Positionen mit einem Risiko von 200,- Euro pro Position, dann beträgt Ihr aktuelles Gesamtrisiko 5 x 200,- Euro = 1.000,- Euro. Entwickeln sich alle fünf Trades wie gewünscht in Ihre Richtung und Sie ziehen die Stoppkurse nach, verändert sich auch das aktuelle Gesamtrisiko. Ziehen Sie beispielsweise bei den fünf Positionen die Stoppkurse auf Einstandsniveau, dann beträgt das aktuelle Gesamtrisiko null. Selbst wenn nun alle fünf Positionen ausgestoppt würden, werden Sie kein Geld verlieren, da die Stoppkurse auf Einstand liegen.

Das aktuelle Gesamtrisiko ist die zweite wichtige Kennziffer, die Sie jederzeit im Blick haben sollten.

Das freie *Risiko*

Das freie Risiko ist die Differenz zwischen dem maximalen Gesamtrisiko und dem aktuellen Gesamtrisiko eines Depots. Wenn Sie über ein freies Risiko verfügen, können Sie so lange weitere Positionen eröffnen, bis das freie Risiko ausgeschöpft ist. Bei einem 20.000-Euro-Tradingkonto und einem festgelegten maximalen Gesamtrisiko von 15 Prozent, also 3.000,- Euro, ist das freie Risiko am Anfang gleich dem maximalen Gesamtrisiko, da Sie noch keine Positionen eröffnet haben. Eröffnen Sie jetzt fünf Positionen mit je 200,- Euro Risiko, dann beträgt das aktuelle Gesamtrisiko 1.000,- Euro (5 x 200,- Euro). Um nun zu berechnen, wie viel freies Risiko noch übrig ist, subtrahieren Sie einfach vom maximalen Gesamtrisiko (3.000,- Euro) das aktuelle Gesamtrisiko (1.000,- Euro) und Sie erhalten ein freies Risiko von 2.000,- Euro. Sie können also noch weitere Tradingpositionen eröffnen.

Das Risiko dieser neuen Positionen darf jedoch die Größenordnung von 2.000,- Euro nicht überschreiten.

Das Zusammenspiel der einzelnen Risiken

Im folgenden Beispiel wird das Trading wieder mit einem Startkapital von 20.000,- Euro begonnen und ein Tradingdepot eröffnet. Das maximale Gesamtrisiko soll dabei wieder bei 15 Prozent vom Tradingkapital, also 3.000,- Euro, liegen. Das Risiko pro Trade wurde mit einem Prozent vom vorhandenen Tradingkapital, also 200,- Euro zu Beginn, festgelegt. Somit können 15 Positionen eröffnet werden (siehe folgende Doppelseite). Position A hat unter Berücksichtigung der Gebühren ein Risiko von genau 200,- Euro. Um diesen Betrag verringert sich nach der ersten Positionseröffnung das freie Risiko von 3.000,- Euro auf 2.800,- Euro. Mit jeder weiteren Position sinkt das freie Risiko, bis am Ende nur noch ein Wert von 30,08 Euro übrig bleibt. Das freie Risiko wurde also nahezu komplett ausgeschöpft. Das aktuelle Gesamtrisiko nimmt mit jeder neuen Position zu und liegt nach Eröffnung aller 15 Positionen bei knapp 3.000,- Euro, was dem maximal möglichen Gesamtrisiko entspricht.

Zu Vereinfachungszwecken wird bei diesem Beispiel davon ausgegangen, dass alle 15 Positionen unmittelbar nacheinander eröffnet werden und daher mögliche Kursveränderungen noch keine Berücksichtigung finden.

Sollten Sie bereits mit dem Trading ohne ein Risikomanagement begonnen haben, lohnt es sich auch noch nachträglich für Sie, eine Risikokontrolle zu implementieren, auch wenn einmal geschehene Risikoüberschreitungen nicht mehr korrigierbar sind.

In der Tabelle auf Seite 118 sehen Sie ein exemplarisches Tradingdepot, welches bisher ohne ein Risikomanagement-System geführt wurde. Dies erkennt man zum Beispiel an der Position C, welche einen viel zu hohen Buchverlust sowie ein zu hohes Einzelrisiko aufweist. Eine Schadensbegrenzung wäre hier nur möglich, indem man Position C verkauft und den verhältnismäßig hohen Verlust realisiert. Verbleibt die Position im Depot, beträgt das aktuelle Gesamtrisiko 1.092,44 Euro. Daraus ergibt sich ein freies Risiko von 1.945,14 Euro.

Wir nehmen jetzt mit der Position G einen weiteren Wert in unser Tradingdepot auf, dieses Mal streng nach den festgelegten Regeln des Risikomanagements (siehe Tabelle auf Seite 120). Dabei wird sichergestellt, dass mit der Position nicht mehr als ein Prozent des vorhandenen Tradingkapitals riskiert wird. Die Positionsgröße errechnet sich anhand der Formel für das Money-Management. Nach dem Erwerb der Position G sinkt das freie Risiko und beträgt nun 1.760,14 Euro.

Es können also noch so lange weitere Positionen eröffnet werden, bis entweder der vorhandene Baranteil aufgebraucht oder kein freies Risiko mehr verfügbar ist.

Doch was passiert mit den Risikokennziffern, wenn Sie Ihre Stoppkurse anpassen? In unserem Beispiel hat sich die Tradingposition G sehr gut entwickelt. Wir ziehen den Stopp auf ein Niveau nach, das uns bereits einen Teil des Buchgewinns sichert (siehe Tabelle auf Seite 122). Im Normalfall kann mit dieser Position somit kein Verlust mehr entstehen. Gleichzeitig sinkt das aktuelle Gesamtrisiko und das freie Risiko steigt.

Sobald Sie also Ihre Stoppkurse nachziehen, verringert sich das Risiko der einzelnen Positionen und das freie Risiko nimmt zu. Diesen Anstieg des freien Risikos können Sie für neue Positionen nutzen.

Eröffnung eines Tradingdepots mit 15 Positionen

Position	Richtung	Einstiegskurs	Stoppkurs	Risiko pro Stück	Gebühren	Stückzahl nach Money-Management	Stückzahl bei Kauf	Risiko der Position	freies Risiko Depot	aktuelles Gesamtrisiko Depot
A	long	9,50 €	8,50 €	1,00 €	10,00 €	190,00	190	200,00 €	2.800,00 €	200,00 €
B	short	50,00 €	58,15 €	8,15 €	10,00 €	23,31	23	197,45 €	2.602,55 €	397,45 €
C	long	45,25 €	36,05 €	9,20 €	10,00 €	20,65	20	194,00 €	2.408,55 €	591,45 €
D	short	13,75 €	15,05 €	1,30 €	10,00 €	146,15	146	199,80 €	2.208,75 €	791,25 €
E	long	112,24 €	99,75 €	12,49 €	10,00 €	15,21	15	197,35 €	2.011,40 €	988,60 €
F	long	78,00 €	67,25 €	10,75 €	10,00 €	17,67	17	192,75 €	1.818,65 €	1.181,35 €
G	long	24,12 €	19,75 €	4,37 €	10,00 €	43,48	43	197,91 €	1.620,74 €	1.379,26 €
H	short	15,07 €	18,89 €	3,82 €	10,00 €	49,74	49	197,18 €	1.423,56 €	1.576,44 €
I	long	42,90 €	28,35 €	14,55 €	10,00 €	13,06	13	199,15 €	1.224,41 €	1.775,59 €
J	short	17,07 €	18,57 €	1,50 €	10,00 €	126,67	126	199,00 €	1.025,41 €	1.974,59 €

Eröffnung eines Tradingdepots mit 15 Positionen

Position	Richtung	Einstiegs-kurs	Stoppkurs	Risiko pro Stück	Gebühren	Stückzahl nach Money-Management	Stückzahl bei Kauf	Risiko der Position	freies Risiko Depot	aktuelles Gesamtrisiko Depot
K	long	1,75 €	1,15 €	0,60 €	10,00 €	316,67	316	199,60 €	825,81 €	2.174,19 €
L	long	230,50 €	199,25 €	31,25 €	10,00 €	6,08	6	197,50 €	628,31 €	2.371,69 €
M	long	18,10 €	15,35 €	2,75 €	10,00 €	69,09	69	199,75 €	428,56 €	2.571,44 €
N	long	33,04 €	29,24 €	3,80 €	10,00 €	50,00	50	200,00 €	228,56 €	2.771,44 €
O	short	57,73 €	63,81 €	6,08 €	10,00 €	31,25	31	198,48 €	30,08 €	2.969,92 €

Bestehendes Tradingdepot ohne Risikomanagement

Position	Stückzahl	Kaufkurs	aktueller Kurs	aktueller Wert	Gewinn/Verlust	Stoppkurs	Gebühren	aktuelles Einzelrisiko
A	180	8,00 €	8,50 €	1.530,00 €	90,00 €	8,15 €	10,00 €	17,00 €
B	40	54,32 €	49,75 €	1.990,00 €	-182,80 €	49,25 €	10,00 €	-212,80 €
C	1.500	2,80 €	2,25 €	3.375,00 €	-825,00 €	1,90 €	10,00 €	-1.360,00 €
D	46	85,24 €	96,89 €	4.456,94 €	535,90 €	89,75 €	10,00 €	197,46 €
E	155	24,12 €	28,20 €	4.371,00 €	632,40 €	25,90 €	10,00 €	265,90 €
cash				4.527,56 €	0,00 €	0,00 €	0,00 €	0,00 €
G				0,00 €	0,00 €			0,00 €
H				0,00 €	0,00 €			0,00 €
I				0,00 €	0,00 €			0,00 €
J				0,00 €	0,00 €			0,00 €
K				0,00 €	0,00 €			0,00 €
L				0,00 €	0,00 €			0,00 €
M				0,00 €	0,00 €			0,00 €
N				0,00 €	0,00 €			0,00 €
Gesamt				20.250,50 €	250,50 €			-1.092,44 €

Bestehendes Tradingdepot ohne Risikomanagement	
maximales Gesamtrisiko 15 %	3.037,58 €
aktuelles Gesamtrisiko	-1.092,44 €
freies Risiko	1.945,14 €

Effizientes Risikomanagement bedeutet nicht nur die Begrenzung der Verluste, sondern auch, dass Sie „neu entstandenes" freies Risiko nutzen können, um weitere Positionen zu eröffnen. Erwischen Sie dann einen guten Trend und sind voll investiert, wachsen Ihre Gewinne exponentiell und Ihr Tradingkonto wird einen deutlichen Satz nach oben machen.

Risiko- und Money-Management – das Fazit

„Gewinne laufen lassen, Verluste rechtzeitig begrenzen" – kein anderer Börsenspruch bringt es so treffend auf den Punkt, worum es bei der Risikokontrolle geht. Ein Trader kann einen Gewinn nicht im Voraus planen oder gar einen Kursverlauf vorhersagen. Sie können aber ab sofort vor jedem Trade mit großer Wahrscheinlichkeit sagen, wie hoch der maximale Verlust ausfallen wird. Damit Sie alle Parameter des Risiko- und Money-Managements vor jedem Trade berücksichtigen, sollten Ihnen die folgenden Schritte schnell in Fleisch und Blut übergehen.

1. Bevor Sie mit dem Trading beginnen, definieren Sie das maximale Gesamtrisiko Ihres Tradingdepots.

Bestehendes Tradingdepot nach Neuaufnahme eines Wertes

Position	Stückzahl	Kaufkurs	aktueller Kurs	aktueller Wert	Gewinn/Verlust	Stoppkurs	Gebühren	aktuelles Einzelrisiko
A	180	8,00 €	8,50 €	1.530,00 €	90,00 €	8,15 €	10,00 €	17,00 €
B	40	54,32 €	49,75 €	1.990,00 €	-182,80 €	49,25 €	10,00 €	-212,80 €
C	1.500	2,80 €	2,25 €	3.375,00 €	-825,00 €	1,90 €	10,00 €	-1.360,00 €
D	46	85,24 €	96,89 €	4.456,94 €	535,90 €	89,75 €	10,00 €	197,46 €
E	155	24,12 €	28,20 €	4.371,00 €	632,40 €	25,90 €	10,00 €	265,90 €
cash				1.815,06 €	0,00 €	0,00 €	0,00 €	0,00 €
G	70	38,75 €	38,75 €	2.712,50 €	0,00 €	36,25 €	10,00 €	-185,00 €
H				0,00 €	0,00 €			0,00 €
I				0,00 €	0,00 €			0,00 €
J				0,00 €	0,00 €			0,00 €
K				0,00 €	0,00 €			0,00 €
L				0,00 €	0,00 €			0,00 €
M				0,00 €	0,00 €			0,00 €
N				0,00 €	0,00 €			0,00 €
Gesamt				20.250,50 €	250,50 €			-1.277,44 €

Bestehendes Tradingdepot nach Neuaufnahme eines Wertes	
maximales Gesamtrisiko 15 %	3.037,58 €
aktuelles Gesamtrisiko	-1.277,44 €
freies Risiko	1.760,14 €

2. Legen Sie fest, wie viel Prozent Ihres Tradingkapital Sie mit jedem Trade riskieren wollen. Tradingeinsteiger beginnen mit einem Prozent pro Trade, mehr als drei Prozent sind auch für erfahrene Trader zu viel!
3. Wenn Sie sich für einen Trade entschieden haben, legen Sie Ihren Stoppkurs fest.
4. Berechnen Sie die Stückzahl für den Trade anhand der Money-Management-Formel.
5. Setzen Sie nach Eröffnung der Position sofort den Stoppkurs auf Ihrer Handelsplattform und ziehen Sie diesen im Gewinnfall sukzessive nach.
6. Dokumentieren Sie alle wichtigen Risikogrößen Ihres Tradingdepots wie das aktuelle Gesamtrisiko und das freie Risiko in einer Tabellenkalkulation und behalten Sie diese Werte immer im Auge.

Wenn Sie so vorgehen, dann können Sie ruhigen Gewissens behaupten, dass Sie alles, was bei einem Trade planbar ist, auch wirklich gut geplant haben. Sie haben das Risiko durch die richtige Positionsgröße und das Setzen von Stoppkursen minimiert. Wenn Sie dieses System konsequent und diszipliniert umsetzen, haben Sie eines der wirkungsvollsten Werkzeuge in der Hand, um Ihr Tradingkonto und damit Ihren Tradingerfolg zu managen.

Bestehendes Tradingdepot nach Stoppkursanpassung

Position	Stückzahl	Kaufkurs	aktueller Kurs	aktueller Wert	Gewinn/Verlust	Stoppkurs	Gebühren	aktuelles Einzelrisiko
A	180	8,00 €	8,50 €	1.530,00 €	90,00 €	8,15 €	10,00 €	17,00 €
B	40	54,32 €	49,75 €	1.990,00 €	-182,80 €	49,25 €	10,00 €	-212,80 €
C	1.500	2,80 €	2,25 €	3.375,00 €	-825,00 €	1,90 €	10,00 €	-1.360,00 €
D	46	85,24 €	96,89 €	4.456,94 €	535,90 €	89,75 €	10,00 €	197,46 €
E	155	24,12 €	28,20 €	4.371,00 €	632,40 €	25,90 €	10,00 €	265,90 €
cash				1.815,06 €			0,00 €	0,00 €
G	70	38,75 €	45,25 €	3.167,50 €	455,00 €	41,25 €	10,00 €	165,00 €
H				0,00 €	0,00 €			0,00 €
I				0,00 €	0,00 €			0,00 €
J				0,00 €	0,00 €			0,00 €
K				0,00 €	0,00 €			0,00 €
L				0,00 €	0,00 €			0,00 €
M				0,00 €	0,00 €			0,00 €
N				0,00 €	0,00 €			0,00 €
Gesamt				20.705,50 €	705,50 €			-927,44 €

Bestehendes Tradingdepot nach Stoppkursanpassung	
maximales Gesamtrisiko 15 %	3.105,83 €
aktuelles Gesamtrisiko	- 927,44 €
freies Risiko	2.178,39 €

Stoppkurse

Sie haben im vorhergehenden Abschnitt Stoppkurse als einen zentralen Bestandteil des Risikomanagements kennengelernt. Doch wie setzt man Stoppkurse richtig? Und geht es nicht vielleicht doch ohne Stoppkurse? Die zweite Frage sei gleich vorab mit einem kategorischen „Nein!" beantwortet. Stoppkurse sind die einzig wirksame Versicherung dagegen, dass Sie zu viel Geld verlieren. Es gibt im Trading keinen besseren Schutz! Selbst ein schlecht gesetzter Stoppkurs ist tausendmal besser als kein Stoppkurs. Stoppkurse helfen Ihnen auch, gegen Ihren inneren Schweinehund zu bestehen. Denn der sagt im Verlustfall meistens: „Jetzt warte mal, gleich dreht der Kurs wieder in Deine Richtung, dann kannst Du immer noch die Position schließen." Der letzte Satz dieser inneren Stimme zu einem tief im Minus befindlichen Trade lautet meist: „Nun ist es auch egal, ich lass die Position einfach im Depot liegen." Denn mit der Realisierung eines Verlustes würden wir uns selbst eine Niederlage eingestehen.

Dieses Gefühl möchte Ihr Unterbewusstsein auf jeden Fall vermeiden, auch auf die Gefahr hin, dass die Buchverluste anwachsen. Dieses mentale Dilemma ist auch der Grund dafür, warum in dem einen oder anderen Depot immer noch Aktien der Deutschen Telekom liegen sollen, welche im Bereich der Höchststände im Jahr 2000 gekauft wurden. Um der typisch menschlichen Verhaltensweise, dem Festhalten an

Verlustpositionen, etwas entgegenzusetzen, ist der strikte Einsatz von Stoppkursen das beste Mittel.

An dieser Stelle sei noch ein Wort zu den mentalen Stoppkursen gesagt, die im Kopf des Traders zwar existieren, aber nicht auf der Handelsplattform eingegeben sind. Selbst wenn sie den ganzen Handelstag vor dem Bildschirm sitzen, schaffen es die wenigsten Trader, diesen Stoppkurs dann auch in das System einzugeben, wenn die Marke erreicht wird. Meist siegt dann der bereits erwähnte innere Schweinehund. Außerdem reichen bei einem Daytrader fünf Minuten Abwesenheit von der Handelsplattform ohne gesetzten Stoppkurs aus, um nach überraschenden Wirtschaftsdaten seine Position tief im Minus vorzufinden.

Daher ist ein Trading mit mentalen Stoppkursen einem Trading ohne Stoppkurse gleichzusetzen, es ist also keine Option!

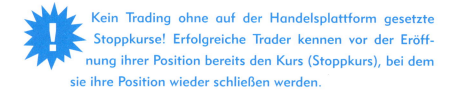

Kein Trading ohne auf der Handelsplattform gesetzte Stoppkurse! Erfolgreiche Trader kennen vor der Eröffnung ihrer Position bereits den Kurs (Stoppkurs), bei dem sie ihre Position wieder schließen werden.

Gegner von Stoppkursen behaupten oft, dass die großen Marktteilnehmer bewusst den Kurs in eine Richtung drücken, um die Stoppkurse auszulösen, und anschließend bewege sich der Markt wieder in die Richtung des Traders. Den Skeptikern sei gesagt: Passiert dies immer wieder, dann sind die Stoppkurse nicht optimal gesetzt und das Stoppkursmanagement sollte optimiert werden.

Natürlich erlebt es auch der erfahrenste Trader, dass sein Stoppkurs ausgelöst wird und der Markt danach wieder die Richtung wechselt.

Aber genau dazu sind Stoppkurse da, dass beim Erreichen der persönlichen Verlustgrenze der Trade geschlossen wird.

Dann gibt es noch jene Trader, die bisher ohne Stoppkurse getradet haben und auch schon einige Gewinne erzielen konnten. Ihnen ist das deshalb gelungen, weil Sie bisher einfach Glück hatten! Möglicherweise haben Sie auch weiter Glück, bis der bewusste Tag kommt. Solch ein Tag war für alle Trader an der Wall Street, die auf steigende US-Börsen gesetzt hatten, der 06. Mai 2010. Der Dow-Jones-Index stürzte innerhalb von rund 30 Minuten um 997 Punkte, einer der größten Punktverluste in der Geschichte des Dow. Wer als Trader an so einem Tag ohne Stoppkurse mit hoch gehebelten Instrumenten wie Futures oder CFDs long im Markt war, dürfte sein persönliches Trading-Waterloo erlebt haben.

Viele dieser Trader werden von ihrem Broker den sogenannten Margin-Call, also die Aufforderung, Geld nachzuschießen beziehungsweise ihre Positionen zu schließen, bekommen haben. Der ein oder andere Broker wird möglicherweise auch Positionen der Kunden selbst geschlossen haben, speziell dort, wo die Verluste das Eigenkapital zu übersteigen begannen. Solch ein einzelnes Ereignis kann ein bisher erfolgreiches Tradingkonto in kürzester Zeit pulverisieren. Schaut man sich die Geschichte an, erkennt man, dass solche Extremereignisse jederzeit vorkommen können. Keiner von uns weiß, wann es wieder so weit sein wird. Mit einem gesetzten Stoppkurs wissen Sie aber, dass Sie sehr wahrscheinlich nicht viel mehr Geld an solch einem Tag verlieren, als Sie vorher einkalkuliert hatten.

Ein weiteres Argument für Stoppkurse ist, dass ein einziger Wert Ihres Tradingdepots, welcher aufgrund eines fehlenden Stoppkurses tief in die Verlustzone gelaufen ist, Ihr gesamtes Tradingkonto in den roten Bereich ziehen kann.

In der Tabelle auf Seite 127 sehen sie dazu ein Beispieldepot mit insgesamt fünf Positionen zu je 4.000,- Euro. Diese fünf Positionen entwickeln sich über die nächsten fünf Handelstage jeweils ganz unterschiedlich. Die Veränderung pro Tag ist dabei aus Vereinfachungsgründen identisch. Die erste Position verändert sich nicht, dies könnte der Barbestand sein. Die Positionen B, C und D weisen eine positive Entwicklung auf. Position F ist die einzige mit einer negativen Performance.

Dabei werden die Verluste in dieser Position nicht begrenzt, es wird also kein Stoppkurs verwendet. Am Ende der Handelswoche steht das gesamte Tradingdepot mit 0,92 Prozent im Minus.

Werfen Sie nun einen Blick auf das gleiche Depot (Tabelle auf Seite 129), jedoch mit dem Einsatz von Stoppkursen. Position F wird jetzt nach den ersten 200,- Euro Verlust konsequent ausgestoppt, dies entspricht in diesem Beispiel einem Risiko von einem Prozent des Startkapitals. Am Ende der Handelswoche kann dieses Depot ein ordentliches Plus in Höhe von 2,61 Prozent verbuchen. Der einzige Unterschied zwischen Erfolg und Misserfolg: die Anwendung von Stoppkursen!

Stoppkurse richtig setzen

Nachdem Stoppkurse beim Trading mittlerweile zu Ihrem Handwerkszeug gehören, stellt sich nun die Frage, wie Sie Stoppkurse am sinnvollsten setzen.

Einige Trader tun dies intuitiv, ohne ein konkretes System dafür zu haben. Bei dieser Vorgehensweise besteht jedoch die Gefahr, dass sich der Trader abhängig von seiner mentalen Tagesform zu sehr von emotionalen Aspekten bei der Festlegung der Stoppmarken leiten lässt. Eine systematischere Strategie ist es, Stoppkurse in einem gewissen prozentualen Abstand bei Eröffnung der Position zu setzen. Eröffnen Sie also eine Long-Position bei 50,- Euro und setzen Ihren Stopp im Abstand von zehn Prozent, so liegt der Stoppkurs bei 45,- Euro.

Entwicklung eines Tradingdepots ohne Stoppkurse

Position	Veränderung	Wert	Tag 1	Tag 2	Tag 3	Tag 4	Tag 5	Performance
A	0 % pro Tag	4.000,00	4.000,00	4.000,00	4.000,00	4.000,00	4.000,00	0,00%
B	+ 0,5 % pro Tag	4.000,00	4.020,00	4.040,10	4.060,30	4.080,60	4.101,01	2,53%
C	+ 1 % pro Tag	4.000,00	4.040,00	4.080,40	4.121,20	4.162,42	4.204,04	5,10%
D	+ 2 % pro Tag	4.000,00	4.080,00	4.161,60	4.244,83	4.329,73	4.416,32	10,41%
F	- 5 % pro Tag	4.000,00	3.800,00	3.610,00	3.429,50	3.258,03	3.095,12	-22,62%
Gesamt		20.000,00	19.940,00	19.892,10	19.855,84	19.830,77	19.816,49	-0,92%

Eine zweite Variante ist, den Stopp immer in festen Eurobeträgen zu setzen, also zum Beispiel im Abstand von 5,00 Euro vom Einstandsniveau. Doch was machen Sie bei einer Position, die einen Einstandskurs von 5,00 Euro hat?

Weder die prozentuale Methode noch die der festen Geldbeträge ist optimal, da beide Varianten weder die aktuellen Gegebenheiten des Basiswertes noch dessen Volatilität berücksichtigen. Bevor Sie also einen Stoppkurs setzen, empfiehlt sich ein Blick auf die aktuelle Schwankungsbreite des Basiswertes. Ein gutes Chartprogramm liefert Ihnen dazu ein sehr brauchbares Hilfsmittel, die sogenannte Average True Range (ATR), sinngemäß ins Deutsche übertragen „die durchschnittliche wahre Spanne". Dieser Indikator macht eine wertvolle Aussage über die durchschnittliche Schwankungsbreite Ihres Basiswertes. Beträgt die ATR im Deutschen Aktienindex zum Beispiel 100, dann schwankt der DAX aktuell um rund 100 Punkte pro Tag. Wenn Sie an solch einem Tag mit einem 30-Punkte-Stopp im DAX traden, besteht die Gefahr, dass Sie aufgrund der Tagesschwankungen sehr schnell ausgestoppt werden. Es ist also sinnvoll, sich anhand der aktuellen ATR einen Überblick über die derzeitigen Volatilitäten zu verschaffen und diese Information beim Festlegen Ihrer Stoppkurse zu berücksichtigen. In einer sehr unruhigen Marktphase setzen Sie die Stoppkurse somit

Tipp! Bevor Sie Ihren Stoppkurs festlegen, sollten Sie einen Blick auf die durchschnittliche Schwankungsbreite Ihres Basiswerts werfen. Ein guter Gradmesser dafür ist die Average True Range (ATR). In vielen Chartprogrammen können Sie sich diesen Wert anzeigen lassen. Ist die ATR hoch, sollten Sie weitere Stopps verwenden, bei niedrigen Werten sind engere Stopps die bessere Wahl.

Entwicklung eines Tradingdepots mit Stoppkursen

Position	Veränderung	Wert	Tag 1	Tag 2	Tag 3	Tag 4	Tag 5	Performance
A	0 % pro Tag	4.000,00	4.000,00	4.000,00	4.000,00	4.000,00	4.000,00	0,00%
B	+ 0,5 % pro Tag	4.000,00	4.020,00	4.040,10	4.060,30	4.080,60	4.101,01	2,53%
C	+ 1 % pro Tag	4.000,00	4.040,00	4.080,40	4.121,20	4.162,42	4.204,04	5,10%
D	+ 2 % pro Tag	4.000,00	4.080,00	4.161,60	4.244,83	4.329,73	4.416,32	10,41%
F	- 5 % pro Tag	4.000,00	3.800,00	3.800,00	3.800,00	3.800,00	3.800,00	-5,00%
Gesamt		20.000,00	19.940,00	20.082,10	20.226,34	20.372,75	20.521,37	2,61%

weiter weg vom Einstand. Befindet sich der Markt hingegen in ruhigem Fahrwasser, können Sie mit engeren Stoppkursen arbeiten.

Über den Abstand der Stoppkurse zum Einstand beeinflussen Sie außerdem bei Verwendung der Money-Management-Formel Ihre Positionsgrößen. In einem schwankungsarmen Markt mit engen Stopps können die Positionen größer ausfallen als in einem sehr volatilen Markt, wo Sie die Stoppkurse weiter weg setzen.

Dazu folgendes Beispiel: Eine Aktie steht bei 80,00 Euro, Sie möchten eine Long-Position eröffnen, die ATR beträgt 4. Das vorhandene Tradingkapital beläuft sich auf 20.000,- Euro, Sie riskieren pro Trade nicht mehr als ein Prozent des Tradingkapitals, also 200,- Euro. Den Stopp setzen Sie etwas außerhalb der ATR in einem Abstand von 5,00 Euro, also bei 75,00 Euro. Zur Berechnung Ihrer Positionsgröße verwenden Sie die Money-Management-Formel:

$$\frac{200,\text{- Euro}}{5,00 \text{ Euro}} = 40 \text{ Stück}$$

Sie können also 40 Aktien kaufen.

Nehmen wir nun an, Sie hätten die gleiche Situation, lediglich die Volatilität ist bedeutend höher, was sich in einem Wert von 7 bei der ATR widerspiegelt.

Den Stoppkurs setzen Sie daher in einem Abstand von 8,00 Euro, also bei 72,00 Euro. Auch hier berechnen Sie Ihre Positionsgröße streng nach der Money-Management-Formel:

$$\frac{200{,}\text{- Euro}}{8{,}00\text{ Euro}} = 25\text{ Stück}$$

Sie verringern also bei stark schwankenden Märkten automatisch Ihre Positionsgrößen.

Zusätzlich lohnt sich beim Setzen der Stoppmarken ein Blick auf den Chart.

Wo finden sich markante Unterstützungen und Widerstände, wo verläuft die 200-Tage-Linie, welche wichtigen Trendlinien befinden sich in der Nähe des Einstiegskurses? Handeln Sie einen seitwärts gerichteten Markt, dann eröffnen Sie zum Beispiel im Bereich der oberen Begrenzung eine Short-Position. Ihr Stoppkurs sollte nicht unmittelbar auf diesem Begrenzungsniveau, sondern etwas darüber liegen.

Wenn Sie in einem dynamischen Aufwärtstrend eine Long-Position eingehen, lohnt es sich, nach dem letzten markanteren Tief im Chart zu suchen. Auch dort setzen Sie Ihren Stoppkurs nicht unmittelbar auf dieses Niveau, sondern etwas darunter. Ein gewisser Abstand zu solchen Marken ist sinnvoll, da sich genau an solchen markanten Punkten im Chart die Stopps vieler Börsenanfänger geradezu drängeln. Oft werden diese Marken erreicht, die Stopps ausgelöst und danach dreht der Markt wieder.

Besonders deutlich wird dieses Phänomen bei sogenannten runden Marken, beispielsweise bei 100,- Euro. Legen Sie Ihren Stopp also nicht auf solche runden Marken, sondern halten Sie immer etwas Abstand. Ein Stopp bei 98,50 Euro verringert somit die Gefahr, dass Ihre Kaufposition ausgestoppt wird und die Märkte im unmittelbaren Anschluss wieder nach oben drehen. Werden Sie trotzdem ausgestoppt, hat der Markt die markanten Punkte im Chart meist signifikant gebrochen und Ihr gesetzter Stoppkurs wird Sie vor weiteren Verlusten bewahren.

Wenn Sie nun die von der Volatilität abhängigen Stopps mit den Informationen aus dem Chart kombinieren, betreiben Sie schon fast ein professionelles Stoppkursmanagement. Zum einen laufen Sie nicht Gefahr, zu oft ausgestoppt zu werden, zum anderen werden Ihre Verluste begrenzt, wenn Ihr Basiswert einen nachhaltigen Trendwechsel vollzieht.

Stoppkurse richtig nachziehen

Bisher haben wir darüber gesprochen, wie Sie Stoppkurse bei der Eröffnung einer Position als Versicherung zur Verlustbegrenzung einsetzen. Betrachten wir nun die angenehme, aber nicht weniger schwierige Aufgabe, im Falle eines Gewinns den Stoppkurs richtig nachzuziehen. Doch ab welcher Gewinngröße ist es sinnvoll, den zu Anfang gesetzten Stopp zu verändern? Viele professionelle Trader ziehen erstmalig ihren Stoppkurs nach, wenn der aufgelaufene Gewinn dem zu Beginn riskierten Geldbetrag entspricht. Lag das Risiko bei der Positionseröffnung bei 200,- Euro, wird der Stopp zum ersten Mal nachgezogen, wenn die Position 200,- Euro in den Gewinn gelaufen ist. Eine Möglichkeit ist, den Stopp dann auf das Einstandsniveau zu ziehen, damit sind Verluste mit diesem Trade kaum noch möglich. Läuft diese Position weiter ins Plus, können Sie immer dann, wenn ein weiteres Vielfaches Ihres Startrisikos als Buchgewinn erreicht wird, den Stopp um diesen Betrag nachziehen. Hat die Position in unserem Beispiel 400,- Euro verdient, dann ziehen Sie den Stopp so nach, um auf jeden Fall 200,- Euro Ihres Buchgewinns zu sichern und so weiter. Diese Art des Nachziehens der Stopps ist ein sehr systematisches Vorgehen, was den

Vorteil hat, dass emotionale Entscheidungen so gut wie ausgeschlossen sind. Der Nachteil dieser Methode ist, dass damit die charttechnische Situation Ihres Basiswertes keine Berücksichtigung findet. So kann es vorkommen, dass der Stopp genau auf einer Marke im Chart liegt, wo sich, wie vorher beschrieben, die Stoppkurse nur so tummeln. Daher ist es auch im Falle eines Buchgewinns sinnvoll, einen Blick auf den Chart zu werfen. Bei einem Long-Trade ziehen Sie Ihren Stopp knapp unter das letzte Zwischentief im Chart, bei einem Short-Trade legen Sie Ihren Stopp über das letzte signifikante Hoch der Kurse (siehe Abbildung 3.4).

Haben Sie einen guten Trend erwischt, ist es wichtig, dass Sie Ihre Stoppkurse systematisch nachziehen, und zwar so lange, bis Sie automatisch ausgestoppt werden. Erliegen Sie nicht der Versuchung, einen Gewinn zu früh manuell zu realisieren, denn Gewinne sollten Sie laufen lassen!

Für reine Daytrader eignet sich diese Form der Stoppsetzung ebenfalls sehr gut, jedoch sind hier die Zeiteinheiten viel kleiner. Außerdem greift der Daytrader spätestens kurz vor Handelsschluss manuell in den Trade ein und stellt die Position glatt, um keine offenen Positionen über Nacht zu halten.

Eine Sondersituation ergibt sich, wenn ein Trade unmittelbar nach Eröffnung gleich stark ins Plus schießt und Sie innerhalb kürzester Zeit ein Vielfaches Ihres eben noch eingegangenen Risikos auf dem Papier verdient haben. Was nun?

Die meisten Trader sind in dieser Situation emotional hin- und hergerissen. Zum einen lockt ein riesiger Gewinn, gekoppelt mit der Angst, diesen wieder zu verlieren. Auf der anderen Seite steht die Gier, bei einer weiteren positiven Entwicklung durch einen zu frühen Ausstieg zusätzliche Gewinne zu verpassen. Es gibt immer wieder Trader, die dann wie gelähmt vor dem Bildschirm sitzen und zu keinerlei vernünftigen Gedanken fähig sind. Noch prekärer wird die Situation, wenn Sie vorher eine längere Verlustserie hatten und nun mit einem Schlag alle Verluste wettgemacht werden könnten, wenn Sie jetzt den Gewinn realisieren. Sicher gibt es kein Patentrezept für diese Situation. Einen konkreten Handlungsplan sollte aber jeder gute Trader haben. Damit ist er am ehesten in der Lage, seine Handlungsunfähigkeit zu überwinden und eine Entscheidung zu treffen.

Es gibt verschiedene Möglichkeiten. Sie können einen Teilverkauf vornehmen, stellen also zum Beispiel die Hälfte der Position glatt, realisieren so einen Teilgewinn und sichern die andere Hälfte mit einem Stoppkurs mindestens auf Einstiegsniveau ab. Eine zweite Variante ist, für die gesamte Position einen Stopp zu setzen, der einen Teilgewinn sichert, aber auch charttechnische Gesichtspunkte berücksichtigt. Eine komplette Realisierung des Gewinns sollten Sie nur in Ausnahmefällen vornehmen. Dies kann beim Erreichen eines sehr markanten Punktes im

Chart, bei gleichzeitigen Anzeichen einer extrem überhitzten Marktsituation, ratsam sein. Ebenso können Sie die Gewinnrealisierung in Erwägung ziehen, wenn der Gewinn ein Vielfaches Ihres durchschnittlichen Tradinggewinns ausmacht. Liegen Ihre Durchschnittsgewinne zum Beispiel bei 300,- Euro und Sie haben einen Buchgewinn von 1.200,- Euro, macht eine Gewinnmitnahme zumindest unter statistischen Gesichtspunkten Sinn. Um Ihren Durchschnittsgewinn zu ermitteln, benötigen Sie natürlich ein aktuelles und aussagekräftiges Tradingtagebuch. Tendenziell ist es aber immer zu empfehlen, zumindest einen Teil der Position weiter im Markt zu belassen, abgesichert mit einem Stoppkurs. Wie auch immer Ihre Entscheidung ausfällt, die wichtigste Regel lautet: „Lassen Sie aus einem deutlichen Gewinntrade nie einen Verlusttrade werden. Ziehen Sie Ihre Stoppkurse nach."

Gewinntrades vergrößern – die hohe Schule

Hier wartet die Königsklasse des Gewinnmanagements auf Sie – das Vergrößern einer Position im Gewinnfalle. Wenn Sie bereits Routine und ein funktionierendes Regelwerk für das Nachziehen von Stoppkursen besitzen, sind Sie bereit für diesen Schritt. Für Tradinganfänger ist es dagegen empfehlenswert, sich zuerst intensiv mit den vorherigen Kapiteln zu beschäftigen und in deren Anwendung sicher zu werden.

Die Vergrößerung der Position im Falle eines Buchgewinnes wird auch als Pyramidisieren bezeichnet. Wie bei einer Pyramide fügen Sie Ihrer Ausgangsposition, welche das Fundament der Pyramide bildet, weitere, immer kleiner werdende Positionen hinzu.

Tun Sie das in einem ausgeprägten Trend an den Märkten und die Kurse laufen immer weiter in Ihre Richtung, werden Sie überdurchschnittliche Gewinne erzielen können. Was Sie bei dieser Technik brauchen, ist ein konkreter Bauplan für Ihre Pyramide.

Dazu folgendes Beispiel. Sie haben 100 MAN-Aktien bei 50,00 Euro gekauft. Der Kurs steigt auf 55,00 Euro, Sie haben somit einen Gewinn von 500,00 Euro erwirtschaftet. Alle charttechnischen Indikatoren deuten auf eine Fortsetzung des Aufwärtstrends hin, Sie entschließen sich, Ihre Position zu vergrößern und kaufen 50 MAN-Aktien bei 55,00 Euro. Auch wenn Ihr Broker beide Positionen in der Depotübersicht zu einer zusammenfasst, haben Sie es jetzt mit zwei Positionen zu tun. Einmal die Ausgangsposition im Wert von 5.000,00 Euro (100 Stück x 55,00 Euro), diese Position hat bereits 500,00 Euro Gewinn erwirtschaftet. Die zweite Position beträgt 2.750,00 Euro (50 Stück x 55,00 Euro), hat jedoch noch keinen Zuwachs erwirtschaften können.

Sie möchten trotz des Zukaufs den Gewinn der Ausgangsposition nicht völlig aus der Hand geben und die Gesamtposition mit einem Gewinn von mindestens 250,- Euro abschließen. Jetzt kommt es auf ein cleveres Stoppkursmanagement an. Dazu benötigen Sie zwei verschiedene Stopps, einen für die ursprüngliche Position und einen zweiten für Ihren Zukauf. Dazu wird der bisher aufgelaufene Gewinn der Ausgangsposition in Höhe von 500,- Euro in vier Teile zu je 125,- Euro gedanklich aufgeteilt. Zwei dieser Teile werden für den angestrebten Gewinn in Höhe von 250,- Euro benötigt, die anderen beiden können für die zwei Stopps verwendet werden. Die erste Position darf also vom aktuellen Niveau 125,00 Euro verlieren, der Stopp liegt dann bei 53,75 Euro. Sollte dieses Niveau erreicht werden, würden immer noch 375,00 Euro Gewinn realisiert werden (100 Stück x 3,75 Euro). Die zweite Position darf ebenfalls 125,00 Euro verlieren, der Stopp liegt hier bei 52,50 Euro. Dabei handelt es sich um einen Verluststopp, da mit der zweiten Position noch kein Gewinn erwirtschaftet wurde. Beim Erreichen dieses Stoppkurses würde für die zweite Position ein Verlust von 125,00 Euro entstehen (50 Stück x 2,50 Euro). Für die gesamte Position sieht das Ergebnis beim Erreichen beider Stoppkurse wie folgt aus: 375,00 Euro Kursgewinn aus der ersten Position abzüglich 125,00 Euro Verlust aus der zweiten Position ergibt einen Gesamtertrag von 250,00 Euro wie von Ihnen geplant.

Werden beide Stopps nicht ausgelöst, weil der Kurs der MAN-Aktie weiter nach oben läuft, dann können Sie eine weitere Position in MAN eröffnen, die jedoch wiederum deutlich kleiner sein muss als die 50 Stück vom zweiten Kauf. Die Stoppkurse setzen Sie dann nach dem dargestellten Schema neu. Dabei sollten Sie beachten, dass die Gesamtposition Ihrer MAN-Aktien keinen zu großen Anteil in Ihrem Tradingdepot annimmt, damit Sie eine zu große Konzentration des Risikos auf nur einen Wert vermeiden. Denn auch wenn sich der Kurs weiter in Ihre Richtung entwickelt, besteht immer die Gefahr einer unvorhersehbaren, für Ihren Trade unvorteilhaften Unternehmensnachricht.

Eröffnet der Kurs von MAN in unserem Beispiel am nächsten Tag mit einer deutlichen Kurslücke nach unten, besteht die Gefahr, dass Ihre Pyramide in sich zusammenbricht und deutliche Verluste produziert. Daher sollten Sie diese Technik des Gewinnmanagements nur bei Basiswerten anwenden, die in der historischen Betrachtung wenig anfällig für größere Kurslücken gewesen sind.

Ebenso empfiehlt es sich nicht, eine weitere Pyramidenstufe vor der angekündigten Veröffentlichung wichtiger Nachrichten zu Ihrem Basiswert hinzuzufügen.

Vor jedem Pyramidenbau sollten Sie außerdem immer einen Plan haben, wie hoch Ihre Pyramide maximal werden darf. Ein unendliches Pyramidisieren ist auch aus Gründen der Übersichtlichkeit nicht empfehlenswert. Risikobewusst und konsequent angewendet, können Sie mit dieser Technik innerhalb von größeren und länger anhaltenden Trendbewegungen exzellente Profite erwirtschaften.

Kapitel 4

Tradingstrategien

Die Anzahl der möglichen Tradingstrategien können Sie mit dem vielfältigen Angebot auf einem orientalischen Basar vergleichen. Unzählige Handelsstrategien bieten dem Trader die unterschiedlichsten Ansätze für seine persönliche Strategie. Eine der schwierigsten Aufgaben für Sie als Trader ist es, den Handelsstil zu finden, der Ihrer Persönlichkeit und Ihren Voraussetzungen entspricht. Dazu gilt es, sich zuerst einen groben Überblick zu verschaffen, welches die gängigsten Tradingstile sind.

Im zweiten Schritt ist zu prüfen, ob der Handelsansatz mit Ihren persönlichen Voraussetzungen durchführbar ist. Dazu gehören nicht nur die harten Fakten wie die Höhe des Tradingkapitals oder die verfügbare Zeit. Vielmehr sind es die sogenannten weichen Faktoren, die über Gewinn oder Verlust entscheiden. Es geht um die größtmögliche Übereinstimmung der Strategie mit Ihrer Persönlichkeit und Ihren charakterlichen Stärken und Schwächen als Händler. Sind Sie ein Mensch, der bei seiner Arbeit schnell Ergebnisse sehen will, dann werden Sie sich mit einer Strategie, die Positionen über Wochen hält, eher unwohl fühlen. Dagegen sind Sie als Daytrader eher ungeeignet, wenn das hektische Auf und Ab des Kurscharts Sie immer wieder dazu verleitet, Trades entgegen Ihren Handelsregeln einzugehen.

Eine Tradingstrategie muss zu Ihnen passen wie ein maßgefertigtes Kleidungsstück. Erst dann fühlen Sie sich beim Traden wohl. Dieses Gefühl überträgt sich unbewusst, aber völlig automatisch auf Ihre Handelstätigkeit und damit auf Ihre Ergebnisse. Erfolgreiche Trader fühlen sich beim Handeln Ihrer Strategie wohl und sicher, wie in Ihrem Lieblingspullover.

Ziel für Sie als Trader muss es sein, über kurz oder lang diese passende Strategie zu finden. Zum einen hilft Ihnen dabei ein grundlegender Überblick über die möglichen Strategien und deren Besonderheiten, zum anderen aber auch das persönliche Ausprobieren. Daher ist es durchaus sinnvoll, sich mit zwei bis drei Strategien, welche Ihnen passend erscheinen, näher zu beschäftigen. Neben dem Lesen von Fachliteratur bringt meist ein Test am schnellsten Klarheit darüber, ob Sie Ihre persönliche Strategie gefunden haben. Wenn Sie diesen Test mit realem Geld durchführen, sollten Sie jedoch deutlich kleinere Risiken eingehen als die bereits erwähnten ein Prozent Risiko pro Trade. Alternativ bietet sich der Test auf dem Papier an, das sogenannte Paper-Trading. Eine weitere Möglichkeit ist das risikolose Traden mithilfe einer Demosoftware Ihres Brokers.

Oft können Sie so zumindest über einen gewissen Zeitraum testen, mit welchem Tradingstil Sie am erfolgreichsten agieren, und Sicherheit gewinnen.

> **!** Nicht jede Handelsstrategie passt zu jedem Trader. Investieren Sie Zeit und Energie, um Ihren persönlichen Tradingstil zu finden. Diese Investition wird sich für Sie buchstäblich auszahlen.

Systematisches oder diskretionäres Trading?

Beim Vergleich dieser beiden Tradingstile prallen zwei völlig unterschiedliche Welten aufeinander. Der diskretionäre Trader handelt stets „aus dem Bauch heraus". Würden Sie ihn fragen, warum er gerade eben auf fallende Kurse gesetzt hat, werden Sie seiner Antwort keine klaren Regeln dafür entnehmen können. Seine Entscheidungen beruhen auf langjährigen Erfahrungen und Intuition. Der systematische Trader dagegen hat klare Handelsregeln. Dieses Regelwerk wird vom ihm nahezu mechanisch umgesetzt, und zwar auch dann, wenn das Bauchgefühl vielleicht etwas anderes vorschlägt. Die Tradingentscheidungen des systematischen Traders sind beliebig oft reproduzierbar, denn immer dann, wenn seine Regeln ein Einstiegssignal generieren, wird er dieses auch umsetzen. Wichtig sind dabei Konsequenz und Disziplin. Diese beiden Eigenschaften sollte jeder Trader mitbringen, egal welchen Handelsstil er bevorzugt. Selbst der Trader, welcher auf seine Bauchentscheidungen setzt, muss spätestens beim Risiko- und Money-Management diese Eigenschaften an den Tag legen.

Welcher Tradingstil ist nun Erfolg versprechender? Beginnen Sie gerade mit dem Tradinggeschäft, dann sollten Sie klare Regeln für Ihr Trading haben, also systematisch traden. Um gleich von Beginn an erfolgreich Entscheidungen aus dem Bauch heraus zu treffen, fehlt Ihnen eine wichtige Grundvoraussetzung, die nötige Erfahrung. Daher scheitern die meisten Neulinge, die sich nur auf ihr Bauchgefühl verlassen, es sei denn, sie gehören zu den extrem seltenen Naturtalenten im Tradingbusiness. Haben Sie genug Erfahrungen an den Märkten gesammelt und bemerkt, dass Sie oft mit Ihrem Bauchgefühl richtiglagen, können Sie den Schritt zum diskretionären Trading wagen. Sie können, müssen aber nicht. Sind Sie mit einem mechanischen Handelssystem dauerhaft erfolgreich, gibt es kaum einen Grund, Ihren Handelsstil zu ändern.

> ! Als Tradingeinsteiger sollten Sie sich klare Regeln auferlegen, nach denen Sie handeln. Trading nach Bauchgefühl ist nichts für Neulinge!

Der Zeithorizont

Eine weitere wichtige Entscheidung liegt im Zeithorizont, den Sie handeln wollen.

Sie haben die Wahl zwischen dem extrem schnellen Sekundenhandel, dem sogenannten Scalp-Trading, über den Minuten- und Stundenhandel bis hin zum Halten von Positionen über mehrere Tage und Wochen. Die Entscheidung hängt von Ihrem persönlichen Zeitbudget ab, welches Ihnen für das Trading zur Verfügung steht. Haben Sie sich für das Vollzeittrading entschieden, stehen Ihnen alle Zeithorizonte offen. Als nebenberuflicher Trader sind die zeitlichen Einschränkungen ungleich größer. Hier empfiehlt es sich, Ihre Trades auf eine Haltedauer von einigen Tagen oder Wochen auszurichten. Ein weiterer Aspekt ist Ihre individuelle Stressresistenz. Ein Handelstag von mehreren Stunden vor dem Bildschirm als Daytrader erfordert von Ihnen ein Höchstmaß an Aufmerksamkeit und Konzentration. Nicht alle Trader sind dieser täglichen Belastung gewachsen. Fühlen Sie sich schon nach einigen Handelstagen vor dem Bildschirm völlig ausgebrannt, dann sollten Sie prüfen, ob das klassische Daytrading die geeignete Form für Sie ist. Vielleicht sind Sie erfolgreicher und ausgeglichener, wenn Sie dem Trading pro Tag nur ein bis zwei Stunden widmen. Auch in der Frage des Zeithorizonts sollten Sie Ihre Erfahrungen sammeln, um den für Sie optimalen Ansatz zu finden.

Tradingstile – ein Überblick

Nach der Entscheidung über die grundsätzliche Herangehensweise an die Märkte sowie den verwendeten Zeithorizont werfen wir nun einen Blick auf die fünf relevantesten Handelsstile. Dabei müssen Sie sich nicht alle Möglichkeiten zu eigen machen. Ihr Ziel sollte es vielmehr sein, es in einem dieser Tradingstile zur Meisterschaft zu bringen. Sobald Sie einen dieser Stile sehr gut beherrschen, ist es Ihre Aufgabe, den Markt herauszufiltern, der sich für Ihren Stil aktuell anbietet.

Als ein reiner Trendfolgetrader werden Sie zum Beispiel nicht immer den DAX mit Erfolg handeln können, denn er bewegt sich auch in ausgeprägten Seitwärtsphasen, wo Sie mit diesem Ansatz nicht erfolgreich sind.

Die Kunst ist es, dies zu erkennen und dann entweder einen anderen Tradingstil anzuwenden oder aber das Trading auf diesem Markt so lange zu unterbrechen, bis die Marktsituation wieder zum eigenen Tradingstil passt. In der Zwischenzeit können Sie sich anderen Märkten und Einzelwerten widmen, die sich gerade in einer Phase befinden, die zu Ihrem Stil passen.

> **!** Auch das Trading mit nur einem einzigen Stil kann sehr erfolgreich sein. Der Schlüssel zum Erfolg ist die Einsicht, ob der Markt aktuell zur Strategie passt oder eher nicht. Sollte dies nicht der Fall sein, dann traden Sie in einem anderen Markt, der für Ihren Tradingstil zu dem Zeitpunkt die besten Voraussetzungen bietet.

Trendfolgesysteme

An den Finanzmärkten entstehen immer wieder ausgeprägte Trends, sowohl nach oben als auch nach unten. Der Grund hierfür liegt im sogenannten Herdenverhalten des Menschen. Hat eine Mehrheit von Marktteilnehmern die gleiche Meinung zu einem Basiswert und handelt dementsprechend, so kann sich ein Trend in Richtung dieser Meinung etablieren. Weitere Marktteilnehmer springen auf diesen Zug auf, der Trend wird verstärkt. Die Trendfolger unter den Tradern warten die Ausbildung eines Trends ab und eröffnen dann eine Position in Trendrichtung. Sie schwimmen also mit dem Strom. Nach dem Einstieg halten sie ihre Positionen so lange, bis der Trend bricht und die

Position ausgestoppt wird. Dabei wird ein Teil der aufgelaufenen Gewinne wieder abgegeben, den Handelsgewinn zieht der Trendfolger aus dem Mittelstück eines Trends. Trendfolger sind daher bei der Entstehung eines Trends noch nicht im Markt, sie erwischen also nicht die Hoch- beziehungsweise Tiefpunkte der Kurse.

Ein Trendfolgetrader wird sich also nie gegen einen bestehenden Trend stellen, sondern stets nach dem Motto handeln: „The trend is your friend".

Trends können zum Teil sehr lang laufen, bis in den Bereich fundamentaler Übertreibungen, den sogenannten Blasen an den Finanzmärkten.

Charakteristisch ist, dass Aufwärtsbewegungen meist deutlich länger andauern als Abwärtsbewegungen. Im Gegensatz dazu sind Abwärtsbewegungen oft wesentlich steiler in ihrem Verlauf. Ein Trend verläuft natürlich nicht geradlinig, sondern es entstehen immer wieder kleinere Bewegungen entgegen der Richtung des Primärtrends. Die Stoppkurse sollten Sie in einem Trendmarkt so nachziehen, dass Sie durch die immer wieder auftretenden Korrekturen entgegen der Haupttrendrichtung nicht vorzeitig ausgestoppt werden. Trends lassen sich dabei in allen Zeiteinheiten handeln, egal ob im 5-Minuten-Chart eines Handelstages oder im Tageschart mit einer Haltedauer von einigen Tagen bis Wochen. Gefahr für Trendfolger besteht dann, wenn der Markt in eine Seitwärtsphase übergeht.

Hier liefern die meisten Trendfolgeindikatoren vermehrt Fehlsignale und die Anzahl der Verlusttrades überwiegt. Dies drückt sich auch in der Trefferquote von Trendfolgesystemen aus, die zum Teil bei deutlich unter 50 Prozent liegen kann. Trotzdem erwirtschaften diese Systeme Gewinne, da der durchschnittliche Gewinn eines Trades den durchschnittlichen Verlust meist um ein Vielfaches übersteigt.

145 / Crashkurs Trading

Wichtig für den Trader ist, die aktuelle Marktsituation genau zu analysieren und Trends sicher zu identifizieren. Erst dann lohnt sich ein trendfolgender Einstieg.

Für Tradingeinsteiger eignet sich dieser Ansatz dennoch sehr gut, da sich ausgeprägte Trends auch mit wenig Erfahrung gut identifizieren und handeln lassen.

Breakout-*Systeme*

Bricht ein Kurs nach einer längeren Bewegung innerhalb einer Handelsrange nach oben oder unten aus, dann eröffnet ein Breakout-System eine Position in diese Richtung. Handelt es sich um einen nachhaltigen Ausbruch, so kann der Einstieg in einen neuen Trendmarkt sehr früh gelingen. Oft kommt der Kurs aber noch einmal auf das Ausbruchsniveau zurück, ehe er endgültig einen neuen Trend einläutet. Dies ist beim Setzen des Stoppkurses zu beachten. Nicht selten sind jedoch auch Fehlausbrüche: Nach einem kurzen Hinausschießen über oder unter die Handelsspanne kehrt der Kurs wieder in diese zurück. Beliebt sind auch Breakout-Strategien, wenn der Kurs aus einem bereits bestehenden Trendkanal nach oben oder unten ausbricht und so die eingeschlagene Richtung verschärft. Dazu gehört auch das Erreichen neuer Hochs und Tiefs im Wochen- oder Monatschart. Wie bei allen Systemen hilft ein gutes Risiko- und Money-Management, Verluste zu kontrollieren.

Antizyklisches *Trading*

Beim antizyklischen Trading versucht der Trader bestimmte Wendepunkte im Chart vorwegzunehmen und eröffnet dort eine Position. Im Idealfall schafft er es, im Bereich der Topbildung short und im Bereich einer Bodenbildung long zu gehen.

Dieser Tradingstil funktioniert sehr gut in Seitwärtsmärkten, in denen im Bereich der unteren Unterstützung Kaufpositionen und im Bereich des oberen Widerstandes Verkaufspositionen eröffnet werden. In Trendmärkten versuchen die Antizykliker unter den Tradern, das Ende des Trends zu prognostizieren und dementsprechend Positionen aufzubauen. Diese Art des Tradings übt eine besondere psychologische Anziehungskraft aus. Als antizyklischer Trader versuchen Sie obere und untere Umkehrpunkte vorherzusagen, also die keinem bekannte Zukunft.

Gelingt Ihnen dies das ein oder andere Mal, kann es schnell zur Selbstüberschätzung kommen. Der Trader erliegt dem Trugschluss, dass er zukünftige Kursbewegungen präzise vorhersagen kann. Gelingt dies einmal nicht, dann versuchen diese Trader meist alles, um doch noch recht zu behalten.

So werden zum Beispiel Stoppkurse missachtet und bereits im Verlust liegende Positionen vergrößert, nur um einen Zweck zu verfolgen: Auch dieses Mal recht zu haben. Dass die Börse der falsche Ort ist, um sein eigenes Ego zu befriedigen und recht zu bekommen, haben Sie bereits gelernt. Deshalb ist die Verwendung von Stoppkursen bei diesem Tradingstil das wichtigste Absicherungsinstrument überhaupt. Generell ist für diesen Tradingstil ein größeres Maß an Erfahrung notwendig. Erst dann können Sie auch mit dieser Art des Handelns durchaus respektable Gewinne erzielen.

Swing-*Trading*

Der grundlegende Ansatz des Swing-Tradings ist, von den Schwankungen der Kurse, den sogenannten Swings, zu profitieren. Die Übersetzung des englischen Wortes to swing, pendeln oder schaukeln, macht die Vorgehensweise sehr gut deutlich. Der Swing-Trader versucht nach einer kleineren Korrektur innerhalb eines bestehenden

Trends vom nächsten Schwung in Richtung des Haupttrends zu profitieren. Diese Technik kann auch von einem Einsteiger relativ schnell erlernt werden. Wichtig ist, dass Sie auf einen intakten Trendverlauf achten, die Ausbildung eines Korrekturswings abwarten, ohne dass dieser den Primärtrend verletzt, und dann eine Position in Richtung des Haupttrends eröffnen. Der Stoppkurs sollte dabei unter beziehungsweise über dem abgeschlossenen Korrekturswing liegen, je nachdem ob Sie einen Aufwärts- oder Abwärtstrend handeln. Eine zweite Möglichkeit des Swing-Tradings ist das Handeln der Korrektur, also eine Positionseröffnung gegen den Haupttrend. Der Swing-Trader möchte dabei den Gewinn mit den immer wieder auftretenden Korrekturbewegungen innerhalb eines Trends erzielen. Diese Swings gegen den Trend sind für Tradingneueinstieger jedoch schwieriger zu handeln, da sie meist kurzfristiger sind und nicht die gleiche Dynamik wie die Swings in Trendrichtung besitzen. Der Ansatz des Swing-Tradings lässt sich auf nahezu allen Zeitebenen traden. Swing-Trading funktioniert nicht nur in intakten Trendmärkten, sondern kann auch in anderen Marktphasen angewendet werden, da sich die Kurse niemals linear, sondern stets mit Schwankungen bewegen.

Traden von Chartmustern

Entsteht im Chart ein bestimmtes grafisches Kursmuster, so ruft das die Anhänger dieses Tradingstils auf den Plan. Ziel ist es, Formationen früh zu erkennen, welche mit erhöhter Wahrscheinlichkeit steigende oder fallende Kurse anzeigen. Dabei spielt auch hier das Prinzip der selbsterfüllenden Prophezeiung eine wichtige Rolle. Erkennt die Mehrheit der Marktteilnehmer eine Formation im Chart und handelt danach, dann wird sich das Kursmuster bestätigen. Daher ist es auch für den Trader eine gute Empfehlung, sich mit den wichtigsten Chartformationen vertraut zu machen. Grundsätzlich wird dabei zwischen Trendbestätigungsformationen und Trendwendeformationen unterschieden. Zu den Trendbestätigungsformationen gehören das symmetrische Dreieck sowie die Wimpel- und Flaggenformationen.

Als Trendwendeformationen werden die Schulter-Kopf-Schulter-Formation, V-Formationen, fallende und steigende Dreiecke sowie Double-Top-Formationen und Double-Bottom-Formationen gewertet.

Ein eigenes Gebiet im Bereich der Formationsanalyse stellen die Candlestick-Formationen dar. Durch das Auftreten spezieller einzelner Kerzen beziehungsweise Kerzenformationen wird eine mögliche zukünftige Kursrichtung angezeigt.

Da die Zahl der möglichen Muster, insbesondere der Candlestick-Formationen, sehr groß ist, sollten Sie sich mit vertiefender Literatur dazu beschäftigen. Mittlerweile ist auch die ein oder andere Chartsoftware in der Lage, Chartmuster eigenständig herauszufiltern und diese dem Trader im Chart anzuzeigen.

Generell besteht bei der Identifizierung von Chartmustern immer ein gewisser Interpretationsspielraum, sodass es nicht das absolut zuverlässige und immer funktionierende Muster im Chart gibt. Deshalb spielt auch hier ein konsequentes Risiko- und Money-Management eine entscheidende Rolle für Ihren Tradingerfolg.

Scalp-*Trading*

Ein besonderer Tradingstil ist das Scalp-Trading, auch Scalping genannt. Scalping ist eine der schnellsten Formen des Daytradings. Der Trader versucht dabei kleinste Bewegungen zu handeln und hält seine Positionen oft nur wenige Minuten oder gar Sekunden. Der Begriff kommt vom englischen Verb to scalp, also herausschneiden beziehungsweise skalpieren. Er schneidet sich aus einer Kursbewegung nur einen kleinen Teil heraus und realisiert entstehende Gewinne oder Verluste sehr schnell. Im DAX-Future beispielsweise werden Positionen nach wenigen Punkten im Gewinn wieder glattgestellt. Ebenso schnell werden neue Trades eröffnet, um wieder von kleinsten Kursbewegungen zu profitieren.

Vollzeittrader kommen beim Scalping schnell auf bis zu 100 Trades oder mehr pro Tag. Ein relevanter Gewinn entsteht erst durch die Summe vieler kleiner Gewinntrades. Wichtig beim Scalp-Trading ist eine schnelle und extrem stabile Soft- und Hardware. Dabei muss die Handelssoftware in der Lage sein, auch Sekunden-Charts darzustellen. Scalp-Trader handeln zum Teil mit 30-Sekunden-Charts bis hin zu 5-Sekunden-Charts. Nicht jeder Broker bietet Ihnen solche Charts an. Weiterhin spielen die Kosten aufgrund der großen Anzahl von Trades eine ganz entscheidende Rolle.

Diese Form des Tradings ist eine der anspruchsvollsten, sowohl hinsichtlich der psychischen und physischen Anforderungen an den Trader als auch an seine Markterfahrung. Hinzu kommen ein nahezu blindes Beherrschen der Tradingplattform und ein klares Regelwerk, auf dessen Basis Entscheidungen in Sekunden gefällt werden können. Scalp-Trading sollte daher nur von erfahrenen Tradern mit einer hohen Stresstoleranz durchgeführt werden.

Kapitel 5

Handelssysteme

Was ist ein *Handelssystem?*

Ein Handelssystem basiert stets auf einer speziellen Tradingidee. Oft kommt Tradern nach einer gewissen Zeit des unsystematischen Handels, verbunden mit den ersten Erfahrungen am Markt, eine Idee für einen systematischen Handelsansatz. Dieser entsteht meist aus der Beobachtung von bestimmten charttechnischen Situationen und deren häufiger Wiederkehr heraus. Die Grundidee für ein Handelssystem ist geboren. Doch was unterscheidet ein Handelssystem von einem Tradingstil? Ein Handelssystem macht nicht nur eine Aussage darüber, welcher Tradingansatz in einer bestimmten Marktphase verfolgt wird, sondern definiert den gesamten Tradingprozess mittels klaren Regeln.

Diese Regeln setzen an bei den Bedingungen für die Generierung eines Handelssignals, dem sogenannten Setup, bestimmen die Positionsgröße, auch als Size bezeichnet, und enden beim Exit, also dem Regelwerk für den Ausstieg aus der Position. Ein weiterer Unterschied gegenüber einem Tradingstil ist, dass sich der Erfolg eines Handelssystems anhand historischer Daten einfach testen lässt.

Dieser Prozess wird auch Backtesting genannt. Ist ein Handelssystem einmal programmiert, lässt sich mit der entsprechenden Software ein Test in verschiedensten Märkten per Mausklick durchführen. Bei einem computergestützten Handelssystem spricht man auch von einem mechanischen Tradingsystem.

Aber auch ein manuelles Handelssystem, wenn das Regelwerk also nur auf dem Papier festgehalten ist, kann die Bedingungen für ein Handelssystem erfüllen. Lediglich der Backtest eines manuellen Handelssystems ist extrem zeitaufwendig oder gar unmöglich. Als Trader haben Sie die Wahl zwischen der Entwicklung Ihres eigenen Handelssystems und dem käuflichen Erwerb eines existierenden Systems.

Dabei können Sie bei entsprechenden technischen Voraussetzungen sogar vollautomatische Systeme erwerben, die über eine Schnittstelle selbstständig Kauf- und Verkaufsaufträge an Ihren Broker übermitteln. Dabei scannen Sie ständig verschiedene Märkte nach Handelssignalen, die mit den programmierten Regeln übereinstimmen.

Besonders verbreitet ist dieser reine Computerhandel in den Handelsabteilungen der Banken beziehungsweise Fonds. Trotzdem sollten Sie dem selbst entwickelten Handelssystem den Vorzug geben. Mehr darüber erfahren Sie in den folgenden Abschnitten.

Bestandteile eines *Handelssystems*

Ein mechanisches Handelssystem besitzt ein Regelwerk für den kompletten Tradingprozess. Dabei unterteilt der professionelle Entwickler das Handelssystem in einzelne Module. Am Anfang steht das Modul zur Generierung des Einstiegssignals, das sogenannte Entry-Modul. Im zweiten Schritt wird die Größe der Position durch das Risiko- und Money-Management festgelegt. Dazu gehören auch die Definition des Stoppkurses sowie das Stoppkursmanagement für den weiteren Verlauf des Trades. Am Schluss steht das Regelwerk für das Schließen der Position, auch als Exit-Modul bezeichnet. Um eine Auswertung aller Daten vornehmen zu können, bedarf es noch eines Moduls für die Dokumentation aller Trades, also zum Beispiel in Form eines computerbasierten Tradingtagebuches.

Bevor Sie Ihr Handelssystem aber in einem bestimmten Markt anwenden, sollten Sie prüfen, ob der grundlegende Handelsansatz Ihres Systems mit der aktuellen Verfassung des Marktes übereinstimmt. Nehmen wir an, Sie arbeiten mit einem Trendfolgesystem und wollen dies nun in einem Markt anwenden, welcher sich augenscheinlich in einer ausgeprägten Seitwärtsphase bewegt. Ihr Handelssystem wird sehr wahrscheinlich versagen, obwohl es in einem Trendmarkt hervorragende Ergebnisse geliefert hat. Daher ist es notwendig, vorher einen Filter zu verwenden, der Ihnen anzeigt, in welchem Zustand der Markt sich im Moment befindet. Solch ein Filter kann ein Blick auf den längerfristigen Chart sein, um eine erste Grundeinschätzung vorzunehmen. Helfen können hier auch sogenannte Market-Scanner, die vollautomatisch die verschiedensten Märkte und Einzelwerte nach zuvor festgelegten Kriterien durchsuchen. Diese Market-Scanner sind entweder Bestandteil der Chartsoftware oder können zum Teil als kostenfreie Tools im Internet benutzt werden. Selbst kostenpflichtige Angebote sind meist ihr Geld wert, da Sie Ihnen Zugriff auf eine Vielzahl von Daten mit wenigen Mausklicks ermöglichen. Die Zeitersparnis gegenüber der rein visuellen Filterung von Charts ist enorm.

Das Entry-*Modul*

Das Entry-Modul generiert das Signal für die Eröffnung einer Position. Es unterscheidet außerdem zwischen dem Long-Einstieg und dem Short-Einstieg.

Der Systementwickler definiert dabei eine gewisse Anzahl von Bedingungen, welche erfüllt sein müssen, damit das Handelssystem das Signal liefert. Idealerweise sollte die Einstiegsroutine so gestaltet sein, dass sie auf verschiede Basiswerte, also zum Beispiel Einzelaktien oder auch Indizes, anwendbar ist. Ein einfaches Regelwerk könnte beispielsweise lauten: Eröffne am Folgetag eine Kaufposition, nachdem der Kurs den gleitenden 20-Tage-Durchschnitt von unten nach oben geschnitten und per Schlusskurs über der 20-Tage-Linie geschlossen hat. Eröffne am nächsten Handelstag eine Verkaufsposition, nachdem der

Kurs den 20-Tage-Durchschnitt von oben nach unten durchkreuzt und der Schlusskurs unter der 20-Tage-Linie geschlossen hat.

Das Regelwerk für den Einstieg sollte dabei nicht zu viele Bedingungen enthalten. Zwei bis drei sind völlig ausreichend. Nicht die Komplexität der Regeln, auf der das Einstiegssignal basiert, entscheidet über Erfolg oder Misserfolg, sondern das weitere Trademanagement. Unter erfolgreichen Tradern kursiert der Spruch: „Das Geld wird nicht mit dem Einstieg, sondern mit dem Ausstieg aus einem Trade verdient". Verwenden Sie daher nicht zu viel Zeit und Energie auf die Suche nach dem perfekten Einstiegssignal. Halten Sie es eher so, dass es einfachen logischen Regeln folgt. Einige mögliche Ansätze zur Generierung eines Einstiegssignals haben Sie bereits im Abschnitt „Charttechnik im Tradingalltag" kennengelernt.

Das Modul zur Bestimmung
der Positionsgröße

Das wichtigste der vier Einzelmodule eines Handelssystems bestimmt die Positionsgröße für Ihren Trade. Das Stichwort lautet hier: Risiko- und Money-Management. Dazu müssen Sie als Trader vorher die grundlegenden Risikoparameter festlegen, welche Sie bereits in Kapitel 3 kennengelernt haben. Dazu gehören das Risiko pro Trade im Verhältnis zum vorhandenen Tradingkapital, das maximale Gesamtrisiko Ihres Tradingkontos, der Einstiegskurs sowie der Stoppkurs für Ihren Trade. Mit diesen Angaben gefüttert, kann über die Money-Management-Formel die Positionsgröße für jeden Ihrer Trades berechnet werden. Weiterhin sollte das Risikomodul Ihres Handelssystems jederzeit verlässliche Angaben über das aktuelle Gesamtrisiko und das freie Risiko Ihres Tradingkontos liefern. Für die Erstellung eines solchen Risikomoduls bedarf es keiner speziellen Software-

oder Programmierkenntnisse. Hierzu genügt ein einfaches Tabellenkalkulationsprogramm, wie Sie es bereits auf den Abbildungen auf den Seiten 118 bis 123 im Kapitel „Risiko- und Money-Management" sehen konnten.

Wer also die einzelnen Teilschritte aus dem dritten Kapitel komplett in einem Tabellenkalkulationsprogramm darstellt, hat bereits ein gut funktionierendes Risikomodul innerhalb seines Handelssystems. Von entscheidender Wichtigkeit sind dabei die Aktualität und die Korrektheit der verwendeten Daten.

Das Exit-*Modul*

Für das Schließen einer Position ist das Exit-Modul verantwortlich. Läuft der Trade in den Verlust und erreicht den gesetzten Stoppkurs, wird der Trade lediglich ausgestoppt. Beginnt Ihr Trade in die Gewinnzone zu laufen, sollte Ihr Exit-Modul die Gewinnposition managen, das heißt den Stoppkurs entsprechend nachziehen und eventuell eine Vergrößerung der Position in Erwägung ziehen. Die Regeln dafür werden vom Trader bei der Systementwicklung vorher festgelegt. Das Exit-Modul muss dabei den Spagat zwischen der maximalen Ausnutzung des Gewinnpotenzials eines Trades und dem Absichern bereits aufgelaufener Gewinne meistern. Da das Geld ja bekanntlich mit dem Ausstieg aus einem Trade verdient wird, sollten Sie sich also einige Zeit nehmen, um Ihre Ausstiegsroutine aus einem Trade zu entwickeln. Ein einfaches Regelwerk dafür kann zum Beispiel eine Trailing-Stop-Strategie sein, die sich an der charttechnischen Situation und der Volatilität des Basiswertes orientiert.

Ein entscheidender Punkt bei jedem Exit-Modul ist, dass der Trader zu keiner Zeit selbst eingreift und den Trade manuell beendet. In diesem Fall kommt nämlich sofort der Faktor Mensch ins Spiel und aus einem sorgfältig entwickelten mechanischen Handelssystem wird schlagartig ein diskretionärer Tradingansatz. Der Versuchung, einen Gewinntrade eventuell zu früh manuell zu beenden, können Sie nur mit Selbstdisziplin und Konsequenz begegnen.

Das Dokumentationsmodul

Hier kommt das bereits im zweiten Kapitel erwähnte Tradingtagebuch zum Einsatz.

Die Auflistung aller Trades versetzt Sie in die Lage, umgehend alle notwendigen Parameter für die Bewertung eines Handelssystems bereitzustellen.

Das Tradingjournal mit seinen Auswertungen ist quasi Ihre interne Controlling-Abteilung zur Auswertung Ihres Tradingsystems. Nur so können Sie die Ergebnisse verschiedener Strategien miteinander vergleichen und sehen schwarz auf weiß, wie sich die Veränderung einzelner Parameter auf das Tradingergebnis auswirkt. Auch hier empfiehlt sich die Verwendung einer Tabellenkalkulation, sofern Sie keine spezielle Software dafür erwerben möchten.

Die wichtigen Analysegrößen, die Sie unbedingt benötigen, und deren Berechnung finden Sie in der folgenden Übersicht:

$$\text{Trefferquote in Prozent} = \frac{\text{Anzahl der positiven Trades}}{\text{Gesamtanzahl Trades}} \times 100$$

$$\text{Nettogewinn gesamt} = \begin{array}{l} \text{Summe aller Gewinne in Euro} \\ - \text{ Summe aller Verluste in Euro} \\ - \text{ Summe der Transaktionskosten} \end{array}$$

$$\text{Ø Gewinn pro Trade} = \frac{\text{Summe aller Gewinne in Euro}}{\text{Anzahl der positiven Trades}}$$

$$\text{Ø Verlust pro Trade} = \frac{\text{Summe aller Verluste in Euro}}{\text{Anzahl der negativen Trades}}$$

$$\text{Profitfaktor} = \frac{\text{Summe aller Gewinne in Euro}}{\text{Summe aller Verluste in Euro}}$$

$$\text{Ø Haltedauer der positiven Trades in Tagen bzw. Wochen} = \frac{\text{Summe der Haltedauer aller positiven Trades}}{\text{Anzahl der positiven Trades}}$$

$$\text{Ø Haltedauer der negativen Trades in Tagen bzw. Wochen} = \frac{\text{Summe der Haltedauer aller negativen Trades}}{\text{Anzahl der negativen Trades}}$$

Maximaler Drawdown = Der höchste bisher aufgetretene Einzelverlust bzw. die höchste Verlustserie in Folge

Wenn Sie an Ihrem Handelssystem eine Veränderung vornehmen, dann vergessen Sie nicht, die unterschiedlichen Versionen mit den Auswertungsdaten jeweils in einer separaten Datei abzuspeichern. Sollte sich Ihre Änderung als kontraproduktiv erweisen und Sie haben die Vorgängerversion nicht unter einem eigenen Namen abgespeichert, so ist diese Version für Sie nicht mehr verfügbar und die Arbeit beginnt von Neuem.

Testen und Auswerten
von Handelssystemen

Jetzt schlägt die Stunde der computergestützten, mechanischen Handelssysteme.

Mit der geeigneten Software lässt sich die Performance eines Handelssystems über beliebige Zeiträume in der Vergangenheit testen. Bei den Tests sollten Sie ausreichend lange Zeiträume zugrunde legen, sodass Ihr System seine grundlegende Stabilität in verschiedenen Marktphasen unter Beweis stellen muss. Handelt Ihr System zum Beispiel mit einer Haltedauer der Positionen von einigen Tagen, dann sollte Ihre Testreihe mindestens die letzten fünf Jahre umfassen.

Nur so gewinnen Sie einen ersten Eindruck, ob es in der Vergangenheit überhaupt möglich gewesen wäre, mit diesem System Gewinne zu erzielen. Erst wenn die Antwort positiv ist und Ihr System vielleicht sogar in verschiedenen Märkten positive Erträge erwirtschaften konnte, lohnt es sich, dieses Handelssystem in die Praxis zu überführen. Einen Nachteil haben diese Backtests jedoch immer: Sie arbeiten mit Daten aus der Vergangenheit. Daher ist ein positiver Test eines Handelssystems noch keine Garantie dafür, dass die Performance in Zukunft ebenso ausfallen wird. Positive Systemergebnisse zeigen jedoch eine erhöhte Wahrscheinlichkeit für eine ebenfalls positive Entwicklung in der Zukunft an. Der Grund liegt in der Erkenntnis, dass sich Geschichte bis zu einem gewissen Grade wiederholt. Um eine eindeutige Bewertung der Systemergebnisse vorzunehmen, kommen nun die beschriebenen Analysegrößen aus dem Dokumentationsmodul ins Spiel.

Nachfolgend sehen Sie die Systemergebnisse für ein Handelssystem auf den DAX, mit einem gleitenden Durchschnitt auf 20-Wochen-Basis im Wochenchart, im Zeitraum 1. KW 2000 bis 7. KW 2010.

Systemergebnisse Handelssystem DAX auf Wochenbasis	
Gesamtzahl Trades	48
– davon positiv	16
– davon negativ	32
Trefferquote	33,33%
Gewinn gesamt	4.015,00 €
Ø Gewinn pro Trade	569,56 €
Ø Verlust pro Trade	159,31 €
Profitfaktor	1,78
Ø Haltedauer in Wochen	7,98
maximaler Drawdown	402,00 €

Der erste Blick gilt dem Gewinn gesamt sowie dem Profitfaktor. Während bei einem Gewinn gesamt von 4.015,- Euro der Erfolg sofort ersichtlich wird, bedarf es beim Profitfaktor noch eines zweiten Blicks auf dessen Berechnung. Zur Bestimmung des Profitfaktors wird die Summe aller Gewinne durch die Summe aller Verluste geteilt. Bei einem Ergebnis größer eins verdient das System Geld, bei einem Quotienten gleich eins halten sich Gewinne und Verluste die Waage.

Ein Profitfaktor kleiner eins zeigt an, dass das Handelssystem Geld verliert. Da nicht jeder Trader über die gleiche Kontogröße verfügt und der Gewinn gesamt somit nur bedingt aussagekräftig ist, verwenden Trader in erster Linie den Profitfaktor zum Vergleichen von Handelssystemen. Mit einem Profitfaktor von 1,78 arbeitet das System also gewinnbringend. Das aufgeführte Beispiel weist zusätzlich eine Trefferquote von exakt einem Drittel aus, also war nur jeder dritte Trade von Erfolg gekrönt.

Und trotzdem werden Gewinne erzielt? Des Rätsels Lösung liegt in den durchschnittlichen Gewinnen eines Trades, die gut das 3,5-Fache der durchschnittlichen Verluste betragen. Die Trefferquote allein ist also nicht entscheidend für den Erfolg eines Handelssystems. Selbst mit Trefferquoten von nur 25 Prozent kann ein System stabile Gewinne erwirtschaften, solange die durchschnittlichen Gewinntrades ein Vielfaches der durchschnittlichen Verlusttrades erbringen. Der einzige Nachteil geringer Trefferquoten für den Trader ist ein psychologischer. Er wird relativ selten die Genugtuung empfinden können, dass sein Handelssystem und damit er selbst recht hatte. Diese Eigenschaft ist besonders Trendfolgesystemen eigen, zu denen auch dieses Beispiel zählt. Die Verwendung von Handelssystemen mit geringen Trefferquoten ist nur besonders disziplinierten und emotional stabilen Tradern zu empfehlen.

Einen kritischen Blick sollten Sie ebenfalls auf den maximalen Drawdown, also den höchsten Einzelverlust werfen. Idealerweise ist er deutlich kleiner als der durchschnittliche Gewinn pro Trade, um das gesamte Handelssystem bei einem mehrfachen Auftreten in Folge nicht zu gefährden. Zusätzlich können Sie später beim realen Einsatz einen ständigen Abgleich der realen Verlusthöhen mit dem historisch größten Einzelverlust vornehmen. Entsteht plötzlich ein neuer höchster Einzelverlust, dann lohnt es sich durchaus zu prüfen, ob gewisse

Extremereignisse den Markt so verändert haben, dass das bestehende Handelssystem mit seinem Regelwerk den neuen Gegebenheiten angepasst werden muss.

Die Handelsabteilungen der Banken nehmen an solch einem Punkt meist ihre automatischen Handelssysteme vom Netz und unterziehen sie einer intensiven Überprüfung.

Optimierung von Handelssystemen

Sehen die ersten Testergebnisse Ihres Handelssystems vielversprechend aus, dann folgt meist der nächste logische Schritt, die Systemoptimierung. Denn das Bessere ist ja bekanntlich des Guten Feind. Dank der schnellen computergestützten Auswertungsmöglichkeiten können einzelne Parameter so lange verändert werden, bis sich dem Trader auf dem Bildschirm ein exzellentes Ergebnis präsentiert.

Diese Systemoptimierung wird auch mit dem englischen Begriff Curve Fitting bezeichnet. Wer nach solch einem Curve Fitting nun das System sofort mit realem Geld handelt, erleidet oft Schiffbruch. Obwohl die Testergebnisse phänomenal waren, verursacht das System im realen Einsatz vermehrt Verluste. Wie ist das möglich? Verantwortlich ist meist eine Überoptimierung einzelner Parameter.

Ein überoptimiertes System wurde vom Systementwickler zu eng an die Daten aus der Vergangenheit angepasst, ohne dass noch ein Spielraum für die immer etwas anders verlaufende Realität besteht. Dies erkennen Sie daran, dass die kleinste Veränderung eines einzelnen Parameters plötzlich einen großen Einfluss auf die Gesamtperformance des Handelssystems hat. Liefert Ihr System zum Beispiel mit einem 20-Tage-Durchschnitt herausragende Ergebnisse, bricht jedoch bei der Verwendung eines 22-Tage-Durchschnitts völlig ein, dann handelt es sich sehr wahrscheinlich um ein überoptimiertes System. Ein weiteres Indiz dafür ist, wenn Ihr System nur in dem Markt stabil läuft, für den es optimiert wurde, in anderen Märkten jedoch eine stark unterdurchschnittliche Performance aufweist. Ein mechanisches Handelssystem, was beispielsweise im DAX gute Ergebnisse liefert, sollte in der Lage sein, eine vergleichbare Performance im Euro Stoxx 50 zu erreichen. Erst wenn sich ein Handelssystem als hinreichend robust erweist und Tests über verschiedene Märkte und Zeitebenen erfolgreich absolviert hat, ist ein Einsatz in der Praxis empfehlenswert.

Entwicklung eines eigenen Handelssystems

Viele Trader schrecken vor der Entwicklung eines eigenen Handelssystems zurück. Es herrscht der Irrglaube, dass nur ein aufwendig programmiertes Handelssystem, welches in der entsprechenden Blackbox daherkommt, ein gutes Handelssystem sein kann. Deswegen geben viele Trader Hunderte von Euros für den Kauf eines fertigen Systems aus. Dabei kann selbst ein Tradingeinsteiger sein eigenes Handelssystem entwickeln, ohne über Programmierkenntnisse zu verfügen. Auch ein System, das mit Stift und Papier entwickelt wurde, kann ein gutes Handelssystem sein, solange es klare Regeln für Ein- und Ausstieg sowie Risiko- und Money-Management enthält. Beim Testen der Strategie kann Ihnen dann immer noch ein Programmierer hilfreich zur Seite stehen. Der Vorteil eines selbst entwickelten Handelssystems steckt bereits im Begriff – selbst entwickelt. Da Sie als Trader Ihre persönlichen Erfahrungen und Kenntnisse, Ihre Voraussetzungen und Ziele in dieses System einbringen, ist die Wahrscheinlichkeit, dass es gut zu Ihnen passt, im Vergleich mit einem gekauften System ungleich höher.

Es ist durchaus lohnenswert, dass Sie sich nach Ihren ersten praktischen Handelserfahrungen Gedanken über Ihr eigenes Handelssystem machen und dieses kontinuierlich entwickeln, testen und optimieren. In der Regel werden Sie so erfolgreicher als bei der Verwendung eines fremden Systems sein, bei dem Sie nicht wissen, welche Ideen der Systementwickler hauptsächlich verfolgt hat. Besondere Vorsicht ist bei käuflichen Handelssystemen geboten, die Ihnen jährlich eine Rendite im dreistelligen Bereich versprechen. Oft sind die Ergebnisse im realen Einsatz enttäuschend, da es sich bei der angegebenen Rendite um die eines überoptimierten Systems handelt. Sollte es dieses Geld druckende Handelssystem wirklich geben, dann würde der Entwickler das System wohl hüten wie seinen Augapfel und nicht zum Verkauf anbieten.

Vorteile von Handelssystemen

Die entscheidenden Vorteile von mechanischen Handelssystemen sind die schnelle Auswertbarkeit, die Fehleranalyse, die lückenlose Dokumentation sowie die Reproduzierbarkeit jeder einzelnen Tradingentscheidung. Außerdem bestimmen sie Ihre Positionsgrößen und kümmern sich um das Stoppkursmanagement Ihrer Trades.

Ist ein System einmal fertig entwickelt und programmiert, dann können Sie sehr schnell neue Ideen testen, bevor Sie diese live einsetzen. Erweist sich eine Idee als nicht erfolgreich, so wurde diese Erkenntnis nicht mit realen Verlusten erkauft, sondern ist lediglich das Ergebnis einer Simulation. Aber nicht nur für die Bewertung einer Strategie in der Vergangenheit ist ein Tradingsystem von Vorteil.

Auch für jeden zukünftigen Trade gibt Ihnen das Handelssystem ein klares Regelwerk vor.

Gerade in außergewöhnlichen Tradingsituationen wie beispielsweise an einem Crash-Tag liefert Ihnen Ihr Handelssystem eine eindeutige Orientierung für Ihre Entscheidungen.

Hält sich der Trader konsequent an sein Handelssystem, wird die Gefahr emotionaler Tradingentscheidungen auf ein Minimum reduziert beziehungsweise völlig ausgeschaltet. Das Handelssystem ist sozusagen Ihr Chef im Hintergrund, der Ihnen die Regeln für Ihre Arbeit als Trader vorgibt.

Trendfolge einfach gemacht – ein Handelssystem im Rückblick seit 2000

Die Grundlage für das nachfolgende Handelssystem ist ein einfach zu handelnder Ansatz für den nebenberuflichen Trader. Dabei soll von den großen dynamischen Trendbewegungen profitiert werden, es handelt sich daher um ein klassisches Trendfolgesystem. Wie ausgeprägt diese Trendbewegungen in den letzten Jahren waren, wird beispielhaft im DAX-Chart der letzten zehn Jahre deutlich (siehe Abbildung 5.0). Über längere Phasen verlief der Deutsche Aktienindex in ausgeprägten Trendbewegungen ober- beziehungsweise unterhalb seines 200-Tage-Durchschnitts.

Gehandelt wird mit dem Tageschart, das Signal soll am Ende eines Handelstages generiert werden, damit der Trader vor Beginn des nächsten Handelstages seine Order ohne Zeitdruck in den Markt geben kann. Das Regelwerk ist so übersichtlich wie möglich gehalten, sodass auch Einsteiger ohne Programmierkenntnisse problemlos damit umgehen können. Das System ist dabei so gestaltet, dass es sich auch auf andere trendstarke Märkte übertragen lässt und dort ebenfalls eine positive Grundperformance erzielt.

Handelssetup

Den Chart Ihrer Handelssoftware stellen Sie als Tageschart in der Darstellung „Candlesticks" ein und unterlegen diesen mit einem exponentiell gleitenden Durchschnitt der Periode 200 (Englisch: Exponential Moving Average). Es handelt sich also um die klassische 200-Tage-Linie. Der exponentielle gleitende Durchschnitt gewichtet dabei die jüngsten Handelstage stärker, als dies ein einfacher gleitender Durchschnitt tut. Aber warum gerade die 200-Tage Linie? Ein erster visueller Test im DAX-Chart (Abbildung 5.0) hat gezeigt, dass diese Durchschnittslinie von Relevanz für den DAX bei der Trendbestimmung ist.

Es kommt hinzu, dass Sie diese Durchschnittslinie in nahezu jedem Chart, ob als einfacher Chart in einer Tageszeitung oder als umfangreiche Chartanalyse vom Profi, vorfinden. Die 200-Tage-Linie spielt nahezu immer eine Rolle. Und eben weil dieser gleitende Durchschnitt so große Beachtung findet, sollte sich für den Trader die Chance ergeben, einen kleinen statistischen Vorteil für seine Strategie zu nutzen. Denn wenn viele Marktteilnehmer die 200-Tage-Linie beachten, kann dieser Umstand eventuell gewinnbringend genutzt werden.

Die Eröffnung einer Position erfolgt dabei nach der klassischen Kreuzungsmethode. Durchbricht der Kurs seinen 200-Tage-Durchschnitt von unten nach oben, wird gekauft. Fällt der Kurs von oben nach unten unter seinen 200-Tage-Durchschnitt, wird verkauft. Kombiniert wird dies mit einer einfachen Handelsregel, die sicherstellen soll, dass Sie in Seitwärtsbewegungen möglichst keine Positionen eröffnen, um die

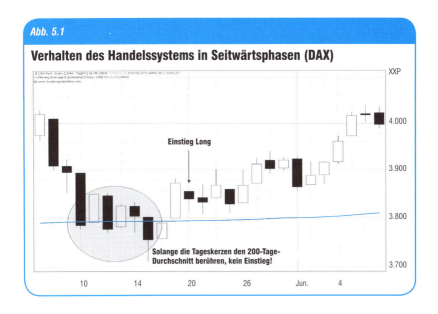

auftretenden Fehlsignale zu minimieren. Ein Blick auf den Chart liefert den Ansatz.

In Seitwärtsphasen ist zu erkennen, dass die Kurse tendenziell um den kaum steigenden oder fallenden 200-Tage-Durchschnitt pendeln (siehe Abbildung 5.1). Viele Tageskerzen im Chart berühren dabei mit ihrem Docht, der Lunte oder dem Kerzenkörper die 200-Tage-Linie. Eine Position soll deshalb erst dann eröffnet werden, wenn es eine erhöhte Wahrscheinlichkeit für das Ende dieser Seitwärtsbewegung gibt. Deshalb warten Sie so lange, bis sich eine Tageskerze ausgebildet hat, welche den 200-Tage-Durchschnitt nicht mehr berührt. Erst nach Ausbildung solch einer Kerze eröffnen Sie am Folgetag eine Position mit einer Market-Order zu Handelsbeginn (Abbildung 5.1).

Ein einfacher Blick auf den Kerzenchart genügt also und Sie wissen, ob Sie am nächsten Tag eine Position eingehen oder nicht. Auf den Einsatz weiterer Indikatoren wird aus Gründen der Einfachheit bewusst verzichtet.

Einstieg / Stopp

Sie eröffnen eine Kaufposition nach abgeschlossener Ausbildung einer DAX-Tageskerze über dem 200-Tage-Durchschnitt, wobei diese Kerze die Durchschnittslinie nicht berühren darf. Sie gehen im DAX short, wenn sich eine Tageskerze unterhalb der 200-Tage-Linie entwickelt hat, wobei auch hier keine Berührung durch die Kerze auftreten darf. Der Einstieg erfolgt jeweils als Market-Order am Folgetag, nach Ausbildung der beschriebenen Tageskerze.

Als Stoppkurs wählen Sie eine Marke, die sich knapp unter- beziehungsweise oberhalb des 200-Tage-Durchschnitts befindet. Im Backtest hat sich dabei ein Abstand von 0,3 Prozent zum 200-Tage-Durchschnitt als robuste Größe erwiesen. Bei einer Long-Position liegt Ihr

Stoppkurs 0,3 Prozent unter dem 200-Tage-Durchschnitt, bei einer Short-Position 0,3 Prozent über dem 200-Tage-Durchschnitt des letzten abgeschlossenen Handelstages.

Stoppkursmanagement / *Ausstieg*

Nach Börsenschluss überprüfen Sie täglich Ihre Position. Sind Sie nach wie vor im Markt, dann passen Sie Ihren Stoppkurs an. Lesen Sie dazu den Wert des 200-Tage-Durchschnitts im Chart ab und verändern Sie den Stoppkurs mit der beschriebenen 0,3-Prozent-Regel. Ziehen Sie den Stoppkurs so lange nach, bis Sie rein maschinell ausgestoppt werden. Sie steigen danach wieder in den Markt ein, sobald die Bedingungen für einen Einstieg, wie im Abschnitt Handelssetup beziehungsweise Einstieg erläutert, erneut gegeben sind.

Der tägliche Aufwand für das Management Ihrer Position ist denkbar gering und auch für den nebenberuflichen Trader problemlos in seinen Alltag integrierbar. Pro Tag benötigen Sie so maximal eine halbe Stunde.

Risikomanagement / *Positionsgrößen*

Auch bei diesem einfachen Handelssystem benötigen Sie ein konsequentes Risikomanagement, damit Sie Ihre Positionsgröße in Abhängigkeit vom vorhandenen Tradingkapital und dem Risiko jedes einzelnen Trades bestimmen können.

Riskieren Sie pro Trade nicht mehr als ein Prozent Ihres Tradingkapitals. Gerade bei Hebelprodukten wie Futures oder CFDs sollte dieser Wert auf keinen Fall überschritten werden. Nur so sind Sie in der Lage, auch mehrere Verlusttrades in Folge ohne größere negative Auswirkungen auf Ihr Tradingkonto zu überstehen.

Systemergebnisse DAX

Die Ergebnisse wurden auf Basis eines Tradingkontos mit 20.000,- Euro Startkapital ermittelt. Als Instrument wurde ein Indexzertifikat auf den DAX mit einem Bezugsverhältnis von 1:1 gewählt. Für die Shorttrades wurde ein sogenanntes Reverse-Indexzertifikat benutzt, welches bei einem fallenden DAX steigt.

Die Ergebnisse vom 01.01.2000 bis zum 01.08.2014 sehen Sie in der Tabelle rechts. Es wurden trotz des langen Zeitraums insgesamt nur 54 Trades eingegangen. Dies ist ein Indiz dafür, dass die längeren Trendphasen genutzt werden konnten.

Die Kosten spielen aufgrund der verhältnismäßig geringen Anzahl der Trades keine systementscheidende Rolle und wurden daher nicht berücksichtigt. Ebenso wurden mögliche Zinserträge aus den Phasen, wo Sie nicht im Markt investiert sind und das Geld zum Beispiel auf dem Tagesgeldkonto geparkt haben, außer Acht gelassen.

Ein erster Blick auf den Profitfaktor zeigt, dass das System bei einem Wert von 3,92 profitabel arbeitet. Insgesamt wurde ein Gewinn von 20.705,- Euro erwirtschaftet.

Die Trefferquote liegt bei einem Drittel, das heißt, nur jeder dritte Trade war ein profitabler Trade. Der durchschnittliche Gewinn eines Trades beträgt jedoch rund das 7,8-Fache eines Verlusttrades. Dies sind für Trendfolgesysteme typische Werte. Bei konsequenter Befolgung der Regeln des Systems hätte also der alte Handelsgrundsatz, Verluste begrenzen und Gewinne laufen lassen, sehr gut umgesetzt werden können. Die Haltedauer von durchschnittlich 35,11 Wochen bei den Gewinntrades zeigt, dass die großen Trends im DAX gut mitgenommen werden konnten – was eine gewisse Geduld vom Trader erfordert. Der durchschnittliche Verlusttrade ist dagegen nach gut drei Wochen durch Erreichen des Stoppkurses geschlossen worden. Führt man sich vor Augen, welche Börsenkrisen und Crashs der deutsche

Aktienanleger in diesem Zeitraum zu überstehen hatte, ist der Trader mit dieser Strategie im DAX deutlich besser gefahren, unabhängig davon, ob am deutschen Aktienmarkt Euphorie oder Panik herrschte.

Systemergebnisse DAX 01.01.2000 bis 01.08.2014	
Gesamtzahl Trades	54
– davon positiv	18
– davon negativ	36
Trefferquote	33,33%
Gewinn gesamt *	20.705,00
Ø Gewinn pro Trade *	1.544,61
Ø Verlust pro Trade *	197,17
Profitfaktor	3,92
Ø Haltedauer in Wochen Gewinner	35,11
Ø Haltedauer in Wochen Verlierer	3,22
maximaler Drawdown *	360,00

* in DAX-Punkten

Abschließend noch ein durchgeführter Trade des Handelssystems aus der Vergangenheit als Beispiel: Am 26.06.2013 wurde eine Long-Position im DAX bei 7.810 Punkten eröffnet. Der Stopp lag bei Positionseröffnung bei 7.663 Punkten. Durch das sukzessive Nachziehen der Stoppkurse nach dem Regelwerk wurde der Trade am 01.08.2014 bei einem Stand von 9.375 Punkten ausgestoppt. Der Handelsgewinn dieses Trades betrug satte 1.565 DAX-Punkte.

Systemergebnisse Euro versus US-Dollar

Nach dem erfolgreichen Test der Strategie im DAX sollten weitere Backtests gemacht werden, um die Robustheit der Strategie zu testen.

Besonders wichtig ist dies, wenn Sie die Strategie auch in anderen Märkten einsetzen möchten.

Ein zweiter Test soll daher im Forex-Markt mit dem Währungspaar Euro gegen US-Dollar erfolgen. Zum einen findet ein Wechsel weg vom Aktien- hin zum Devisenmarkt statt, zum anderen wird die Strategie in einem Markt getestet, für den sie ursprünglich nicht entwickelt wurde. Beides sind gute Voraussetzungen für einen aussagekräftigen Härtetest. Wie schlägt sich das Handelssystem also hier?

Die erste und wichtigste Erkenntnis lautet: Der Profitfaktor liegt mit 1,85 deutlich über eins, es konnte also Geld verdient werden. Die Trefferquote liegt bei einem Viertel, ein Indiz dafür, dass sich das Währungspaar Euro/US-Dollar in ähnlichen Trendbewegungen wie der deutsche Aktienmarkt bewegt. Die Anzahl der Trades liegt mit 64 auch auf einem für diesen relativ langen Zeitraum niedrigen Niveau, Transaktionskosten spielen somit keine entscheidende Rolle. Der Test im Devisenmarkt liefert also auch einen weiteren Nachweis, welche Relevanz der 200-Tage-Durchschnitt für die Märkte hat. Der Aufbau einer Handelsstrategie um den 200-Tage-Durchschnitt herum scheint sich also zu lohnen.

Die Basis dieses zweiten Backtests war ein 20.000-Dollar-Tradingkonto. Es wurde ebenfalls nur ein Risiko von einem Prozent vom vorhandenen Tradingkapital pro Trade eingegangen.

Vorteile und Nachteile des Handelssystems

Das vorgestellte Trendfolgesystem zeichnet sich durch seine Einfachheit bei der Signalerzeugung und beim Positionsmanagement aus. Der zeitliche Aufwand ist gering, was besonders nebenberufliche Trader zu schätzen wissen. Auch für alle Trader, die nicht bei jeder kleineren Kursbewegung an den Märkten aktiv werden möchten, stellt das System

Systemergebnisse Euro versus US-Dollar 01.01.2000 bis 12.09.2012

Gesamtzahl Trades	64
– davon positiv	16
– davon negativ	48
Trefferquote	25,00%
Gewinn gesamt *	7.398,62
Ø Gewinn pro Trade *	1.005,75
Ø Verlust pro Trade *	181,11
Profitfaktor	1,85
Ø Haltedauer in Wochen Gewinner	33,75
Ø Haltedauer in Wochen Verlierer	2,40
maximaler Drawdown *	281,63

* in USD

einen interessanten Ansatz dar. Die Transaktionskosten bleiben dabei aufgrund der relativ geringen Anzahl der Trades auf niedrigem Niveau.

Auf der anderen Seite ist solch ein längerfristig angelegtes Trendfolgesystem nichts für ungeduldige Trader. Gerade die profitablen Gewinntrades erstrecken sich über mehrere Monate, ehe der Gewinn realisiert wird. Hinzu kommt die geringe Trefferquote des Systems, die einen disziplinierten, ausdauernden und emotional stabilen Trader erfordert. Der Trader muss sich stoisch an das Handelssystem halten, um die wenigen, dafür aber hochprofitablen Trades nicht zu verpassen. Über die Jahre wird er aber mit einer deutlich positiven Performance belohnt.

Natürlich stellt sich jeder Systementwickler auch die Frage, unter welchen Bedingungen sein Handelssystem zukünftig versagen könnte. Die größte Gefahr für dieses Handelssystem sind trendlose Märkte über mehrere Jahre mit Kursen, die stetig um den 200-Tage-Durchschnitt pendeln. Um Risiken zu minimieren, sollte das Handelssystem immer in verschiedenen Märkten gleichzeitig eingesetzt werden, um eine gewisse Risikodiversifikation vorzunehmen.

Fazit

Ein Handelssystem muss nicht kompliziert sein, um zu funktionieren. Oft sind einfache Handelsansätze robuster als ein System, welches auf mehreren komplizierten Indikatoren beruht. Hinzu kommt, dass einfache Handelsansätze wie zum Beispiel auf Basis gleitender Durchschnitte in verschiedenen Märkten eine positive Wertentwicklung aufweisen. Das vorgestellte System liefert Ihnen eine gute Basis, um weitere individuelle Anpassungen vorzunehmen. So lohnt sich ein Test mit kürzer laufenden gleitenden Durchschnitten oder auch eine Veränderung der 0,3-Prozent-Stopp-Regel. Testen Sie aber immer, wie sich Veränderungen auf die Performance auswirken. Erst wenn das System nach den Veränderungen über längere Zeiträume und in verschiedenen Märkten ebenfalls funktioniert, lohnt sich ein Einsatz. Hüten Sie sich jedoch vor der Überoptimierung, denn es gibt keine Garantie, dass die Zukunft so verlaufen wird wie die Vergangenheit, mit der Sie Ihr System getestet haben.

Kapitel 6

Tipps aus der Tradingpraxis

Sie stehen jetzt wahrscheinlich kurz vor der Eröffnung Ihres eigenen Tradingkontos und möchten endlich Ihren ersten Trade ausführen. Sie haben sich gut vorbereitet, das nötige Wissen verinnerlicht, die richtigen Handwerkszeuge liegen bereit. Es kann also losgehen! Nehmen Sie sich trotzdem noch ein wenig Zeit, um einige praktische Hinweise zu berücksichtigen, welche bisher in „Crashkurs Trading" noch nicht erwähnt worden sind. Es handelt sich dabei weniger um rein fachliches Wissen, sondern eher um Anregungen, die Ihnen helfen werden, die typischen Anfängerfehler zu vermeiden. Machen Sie also einen letzten kleinen Test und beantworten Sie die Frage, ob Sie bereit sind für eine Karriere als Trader. Lautet am Ende dieses Kapitels die Antwort „Ja", dann haben Sie gute Chancen, künftig zur Minderheit der erfolgreichen Trader zu gehören.

Am Anfang geht es ums Überleben

Mit der Eröffnung Ihres ersten Trades beginnt gleichzeitig Ihr knallharter Überlebenskampf an den Märkten. Sie stehen in direkter Konkurrenz zu den großen Banken, Fonds, Vermögensverwaltungen und Profitradern. Diese kennen keine Gnade und werden schlecht vorbereitete Anfänger gnadenlos mit dem Verlust ihres Geldes bestrafen. Was muss also Ihre vorrangige Maxime sein, um als Trader zu überleben? Sie müssen handlungsfähig bleiben und nach jedem Verlusttrade noch genügend Kapital besitzen, um den nächsten Trade eingehen zu können. Solange Sie das beherzigen, haben Sie als Trader eine reale Überlebenschance, selbst wenn die erste Zeit überwiegend von Verlusten geprägt sein sollte. Sie dürfen und werden einzelne Schlachten, also Trades, verlieren, aber Sie dürfen nie den ganzen Krieg, sprich, Ihr Handelskapital, verlieren.

Das Werkzeug dazu kennen Sie: Risiko- und Money-Management, kein höheres Risiko als ein Prozent vom Tradingkapital pro Trade.

Das sogenannte Strategie-Hopping, also das Springen von einer Strategie zu anderen, macht ein Überleben dagegen nahezu unmöglich. Gerade Einsteiger sind dafür sehr empfänglich. Nach einigen erfolglosen Trades mit einer eigentlich guten Strategie wird diese vom Trader generell in Frage gestellt, es muss etwas Neues und Besseres her. Also wird ein neuer Tradingansatz gesucht und umgehend mit echtem Geld gehandelt. Doch auch hier erlebt der unerfahrene Trader eine Verlustserie und deshalb verwirft er auch diese Strategie. Die Suche nach dem Heiligen Gral des Tradings geht weiter. Kommt jetzt noch ein gewisses statistisches Pech hinzu, sprich, der Trader steigt bei jeder neuen Strategie gerade in einer Verlustphase ein, dann rückt der schnelle Niedergang seines Tradingkontos in greifbare Nähe.

Natürlich durchlebt jede gute Tradingstrategie ihre Verlustserien. Beginnen Sie nun gerade in einer Verlustserie mit dieser Strategie, ist dies zwar schmerzlich, Sie müssen aber die Disziplin aufbringen, um an der Strategie festzuhalten. Wechseln Sie in der Verlustserie die Strategie, berauben Sie sich jeglicher Chancen, bei den nächsten Gewinntrades der Strategie dabei zu sein. Woher wollen Sie außerdem wissen, ob die neu gewählte Strategie beim nächsten Trade nicht auch mit einer Verlustserie beginnt und Sie vom Regen in die Traufe kommen?

Bleiben Sie daher bei einer Strategie, die sich in der Vergangenheit durch zahlreiche Tests als profitabel erwiesen hat und lassen Sie sich nicht durch einige Verlusttrades verunsichern. Funktioniert die Strategie, ist der nächste Gewinntrade nicht weit.

Hier noch ein Überlebenstipp für alle Trader, die Margin-Handel betreiben: Reizen Sie Ihr vorhandenes Kapital nie so aus, dass Sie Ihr gesamtes Geld als Margin binden. Natürlich ist es verlockend, mit einem 5.000-Euro-Konto bei einem Hebel von 100 eine Position von einer halben Million Euro traden zu können. Doch was passiert, wenn die Position beginnt, sich gegen Sie zu wenden?

Die entstehenden Verluste führen zu einer Verringerung Ihres Kapitals und damit nimmt auch der Betrag ab, welcher als Sicherheitsleistung zur Verfügung steht. Können Sie die Margin nicht mehr bedienen, wird Ihr Broker Sie auffordern, eine höhere Einlage auf Ihr Konto zu leisten oder die Position umgehend zu verkleinern beziehungsweise zu schließen. Dies ist der sogenannte Margin-Call. Kommen Sie dieser Aufforderung nicht nach, können die Verluste zum einen schnell das eingesetzte Eigenkapital übersteigen. Zum anderen wird der Broker sehr wahrscheinlich Ihre Position von sich aus schließen, um größeren Schaden abzuwenden. Wenn Sie also Margin-Handel betreiben, sollten mindestens 20 Prozent Ihres Geldes freies Kapital sein, also Kapital, welches Sie nicht als Margin hinterlegt haben.

Traden mit *Fahrplan*

Wir Deutschen sind Meister, wenn es um die Planung des nächsten Urlaubs oder den Kauf eines Neuwagens geht. So werden beim Autokauf stapelweise Testberichte gelesen, Probefahrten vereinbart und zum Schluss beim Händler um ein gutes Angebot gefeilscht. Auch für den Jahresurlaub lassen wir nichts unversucht, um alle Eventualitäten auszuschließen, die uns die schönsten Tage des Jahres vermiesen könnten. Dieses Planungsverhalten ist sehr löblich, bewahrt es uns doch davor, spontane und unüberlegte Entscheidung zu treffen. Leider verzichten viele auf akribische Planung, wenn es um das Thema Geld geht, sei es als Investor oder als Trader. Da wird mal schnell ein Tradingkonto eröffnet oder ein Produkt bei der Bank gekauft, weil es das Geldhaus so ansprechend beworben hat. Von Planung keine Spur!

Vor Ihrem ersten Trade gilt es mindestens den gleichen planerischen Aufwand wie für eine größere Anschaffung zu betreiben. Den überwiegenden Teil der gründlichen Vorbereitung haben Sie mit der Lektüre von „Crashkurs Trading" bereits absolviert. Stellen Sie also Ihren persönlichen Tradingplan auf, der neben der verwendeten Strategie und den Risikogrößen auch jeden einzelnen Trade im Voraus plant. So vermeiden Sie es, ungewollte Trades einzugehen, denn getradet wird nur, was vorher geplant wurde. Selbst die ultraschnellen Scalp-Trader haben einen festen Plan, nach dem Sie Ihre Entscheidungen in Sekunden treffen.

Halten Sie in Ihrem Tradingplan aber auch Ihre individuellen Ziele fest, an denen Sie sich von Zeit zu Zeit selbst messen. Ein solches Ziel kann sein, das erste Tradingjahr mit einem ausgeglichenen Ergebnis abzuschließen, um sich in den Folgejahren dann gewisse Performance-Ziele zu setzen. Bleiben Sie dabei jedoch realistisch. Das Ziel, innerhalb eines Jahres Ihr Kapital zu verdoppeln, erfüllt dieses Kriterium nicht und wird Sie unnötig unter Druck setzen.

Ein Teil Ihrer Vorbereitung kann auch das sogenannte Paper-Trading sein. Dabei wird eine Strategie unter realen Bedingungen, jedoch ohne echtes Geld gehandelt. Dies geschieht entweder auf dem Papier oder auf einem ==Demokonto mit einem fiktiven Geldbetrag.== Dies ist eine sehr gute Übungsmöglichkeit. Sie bekommen ein Gefühl für die Märkte und die Handelsplattform.

Der Knackpunkt ist dann oft der Wechsel vom Paper-Trading zum realen Handel. Plötzlich wird die Hand zitterig. Wenn der Mauszeiger über dem Feld „Ausführen" kreist, kommen Zweifel auf, ob der nächste Trade wirklich eingegangen werden sollte. Der Grund dafür liegt in der menschlichen Psyche.

Beim Paper-Trading gehen wir völlig entspannt und ohne Blockaden an die Sache heran. Es geht zunächst einmal um nichts, es kann nichts schiefgehen, Verluste entstehen nur auf dem Papier. Diese mentale Gelassenheit ist sofort verschwunden, sobald auf dem Bildschirm Ihr eigenes Geld tickt. Diesem typisch menschlichen Verhalten können Sie nur mit einem guten Plan und einer gehörigen Portion mentaler Stärke begegnen.

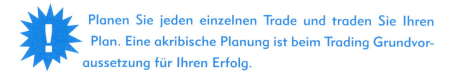

Planen Sie jeden einzelnen Trade und traden Sie Ihren Plan. Eine akribische Planung ist beim Trading Grundvoraussetzung für Ihren Erfolg.

Trading und *die Tagesform*

Wie gut wir Menschen eine Tätigkeit ausführen, hat sehr viel damit zu tun, wie wir uns fühlen. Zum einen ist es die körperliche Gesundheit, die unser Leistungsvermögen ganz entscheidend bestimmt. Aber auch die mentale Fitness spielt vor allem bei den Aktivitäten eine Rolle, bei denen unsere Psyche besonders gefordert ist. Trading ist ein gutes Beispiel dafür. Neben einem gesunden Körper benötigen Sie auch einen freien Kopf. Stehen Sie morgens auf und fühlen sich krank, sollten Sie realistisch einschätzen, ob Sie über die notwendige Kraft und Ausdauer für einen anstrengenden Daytrading-Tag verfügen. Haben Sie Probleme in Ihrem privaten Umfeld, die Sie psychisch belasten, steht die Frage im Raum, inwieweit Sie diese mentale Belastung beim Traden ausblenden können.

Ein guter Trader schätzt seine körperliche und geistige Leistungsfähigkeit vor dem Handelsbeginn realistisch ein. Ist seine Tagesform unzureichend, wird er an solch einem Tag vom Trading Abstand nehmen. Dies gilt besonders dann, wenn Trading für ihn einen 8-Stunden-Tag vor dem Bildschirm bedeutet. Den Vollzeittradern unter Ihnen ist zu empfehlen, sich einen Ausgleich zu den vielen Stunden körperlicher Passivität bei gleichzeitig hoher geistiger Aktivität am Bildschirm zu suchen. Bei vielen kann das eine sportliche Betätigung sein, die sich als ideales Gegenstück zum Trading anbietet. Dabei geht es nicht um sportliche Höchstleistungen. Bereits ein längerer Spaziergang nach einem anspruchsvollen Handelstag kann für den erforderlichen Ausgleich sorgen.

Doch nicht nur jeder Tag ist anders, auch während eines Tages ist unsere Leistungsfähigkeit nicht konstant. Die Ursache dafür ist der Verlauf der menschlichen Leistungskurve. Nahezu jeder kennt das ausgeprägte Leistungstief nach der Mittagspause. Als Vollzeithändler sollten Sie auf die Signale Ihres Körpers hören und nicht gegen ihn arbeiten. Sind Sie zum Beispiel eher ein Abendmensch und verfügen am Morgen noch nicht über Ihre volle Leistungsfähigkeit, bietet es sich an, dass Sie sich auf das Daytrading der amerikanischen Märkte konzentrieren. Die Handelszeiten liegen dann genau in der Zeit, wo Sie über Ihre höchste Leistungskraft verfügen.

Passen Sie also das Trading Ihrem gewohnten Lebensstil an. Wer den umgekehrten Weg zu gehen versucht, wird über kurz oder lang das Handeln als Belastung empfinden. Damit verbunden sind nicht nur der Verlust an Lebensqualität, sondern auch zunehmende Misserfolge im Handelsgeschäft.

Der erfolgreiche Trader im Charaktertest

Käme man bei einer Stellenausschreibung für einen Trader auf den Punkt der charakterlichen Anforderungen zu sprechen, würden einige wesentliche in jeder Stellenannonce auftauchen. Ganz oben stehen Disziplin und Konsequenz.

Mangelnde Disziplin und Inkonsequenz sind die häufigsten Gründe für das Scheitern der meisten Traderkarrieren. Die Schwierigkeit liegt darin, dass niemand diese Eigenschaften von Ihnen permanent einfordert, da Sie als Trader ja völlig eigenverantwortlich handeln. Trading erfordert ein hohes Maß an Selbstdisziplin.

Wie schwierig es ist, diese innere Disziplin sich selbst gegenüber aufzubringen, weiß jeder, der schon einmal versucht hat, ein geliebtes Laster aufzugeben. Beim Trading benötigen Sie diese Disziplin jeden Tag, um konsequent Ihre Tradingstrategie zu verfolgen, Stoppkurse zu setzen und die Risikoparameter einzuhalten.

Nahezu ebenso wichtig sind im Tradinggeschäft Geduld und Ausdauer. Wer als Trader nicht die Ruhe besitzt, zu warten, bis sein Handelssystem das nächste Signal liefert, sondern in der Zwischenzeit den ein oder anderen ungeplanten Trade eingeht, wird selten erfolgreich sein. Viele Trader haben keinen Erfolg, weil ihnen die nötige Ausdauer fehlt, obwohl sie sonst gute Voraussetzungen mitbringen.

Gerade zu Beginn des Tradings benötigen Sie eine gute Portion Ausdauer, da die wenigsten Einsteiger sofort profitabel arbeiten werden. Larry Williams, eine der Traderlegenden schlechthin, sagt von sich selbst, dass er drei Jahre brauchte, um ein guter Händler zu werden, und noch einige mehr, um zu den Top-Tradern zu gehören. Verfügen Sie über dieses Durchhaltevermögen? Können Sie sich durch den schwierigen Anfang durchbeißen? Wenn ja, dann erfüllen Sie ein weiteres wichtiges Kriterium im Anforderungsprofil. Mit jedem neuen Trade werden Sie zukünftig auch etwas über sich selbst erfahren, Ihre Stärken und Ihre Schwächen in diesem Geschäft. Erfolgreiche Trader sind sich ihrer Schwächen bewusst. Sie sind in der Lage, ihnen keine Entfaltungsmöglichkeit zu geben. Ihre Stärken setzen sie immer dann bewusst ein, wenn sich eine Marktsituation ergibt, die ihnen entgegenkommt.

Halten Sie daher in größeren zeitlichen Abständen auch einmal inne und stellen Sie sich ganz bewusst die Frage: „Wo liegen meine persönlichen Stärken und Schwächen beim Trading?" Notieren Sie Ihre Antworten auf einer Extraseite Ihres Tradingtagebuchs. Diese Form der Selbstanalyse kann für Sie von unschätzbarem Wert sein. Beobachten Sie zum Beispiel, dass Sie an langweiligen Tradingtagen mit wenig Bewegung in den Märkten dazu neigen, Trades zu eröffnen, nur um nicht untätig vor dem Bildschirm zu sitzen? Dann suchen Sie sich an solchen Handelstagen gezielt eine andere Beschäftigung oder schalten Sie den Rechner einfach aus.

Nicht zuletzt tut ein guter Trader das, was er tut, mit Leidenschaft. Nur diese Leidenschaft, gepaart mit dem nötigen Selbstvertrauen, bringt ihm Erfolg. Erfolgreiche Profisportler empfinden trotz harten und schier endlosen Trainings eine große Leidenschaft für ihren Sport. Diese Leidenschaft hilft ihnen, Misserfolge zu bewältigen, und ist somit die Voraussetzung für ihre Erfolge.

Nur wenn Sie dauerhaft Spaß an der Tätigkeit als Trader haben, werden Sie auch Geld verdienen. Gute Trader sind Trader aus Leidenschaft!

Trading erfordert Lernbereitschaft

Anders Ericsson, Professor der Psychologie, und einige seiner Kollegen gingen einst der Frage nach, was sehr gute Musiker von weniger guten Musikern unterscheidet. Durch ihre langfristig angelegten Studien fanden sie schließlich heraus, dass die sehr guten Musiker in ihrem Leben mindestens 10.000 Stunden mit ihrem Instrument geübt hatten.

Die Ergebnisse bei anderen Berufsgruppen sahen nicht wesentlich anders aus. Daraus resultierte die sogenannte 10.000er-Regel. Diese Regel besagt, dass der Mensch durchschnittlich etwa 10.000 Stunden Übung benötigt, um etwas sehr gut zu beherrschen.

Beim Trading ist es nicht anders. Übung und Ausbildung sind Grundvoraussetzungen, um zu den besten Tradern zu gehören.

Mit der Lektüre von „Crashkurs Trading" haben Sie in etwa das erste Lehrjahr der Traderausbildung absolviert. Sie sind mit dem wichtigsten theoretischen Wissen versorgt und haben erfahren, worauf es in der Praxis ankommt.

Wenn es eine Ausbildung zum staatliche geprüften Trader gäbe, dann stünden Ihnen noch zwei weitere Jahre bevor, ehe Sie Ihr Zertifikat endgültig in den Händen hielten. Doch auch danach hieße es weiterlernen, denn Sie möchten sicherlich noch Ihre Meisterprüfung ablegen. Trading bedeutet lebenslange Weiterbildung, wie in jedem anderen Beruf auch.

Zum einen stehen Ihnen zahlreiche gute Bücher zur Verfügung, besonders jene, die von Tradern für Trader geschrieben wurden. Lesen Sie einige dieser Werke, es wird Sie definitiv weiterbringen.

Eine zweite Möglichkeit ist der Besuch von Seminaren renommierter Trader. Dabei sind weniger die kostenfreien Veranstaltungen der Finanzinstitute gemeint, die in erster Linie dem legitimen Zweck der Werbung für die eigenen Produkte dienen. Gute Seminare, von guten Tradern gehalten, kosten Geld, und oft nicht gerade wenig. Solch eine Investition ist trotzdem eine der besten, die Sie für sich selbst tätigen können. Diese Seminare haben zusätzlich den Vorteil, dass Sie hier mit anderen Tradern in den Erfahrungsaustausch treten können. Wo kommen Sie sonst in Kontakt mit so vielen Gleichgesinnten?

Webinare stellen in Zeiten des Internets eine zusätzliche Weiterbildungsmöglichkeit dar. Sie können dabei bequem vom heimischen PC aus an einem Online-Seminar teilnehmen und haben oft die Möglichkeit, im Chat Ihre Fragen an den Moderator zu stellen.

Die kostenintensivste, oft aber auch effektivste Methode ist das direkte Coaching durch einen erfahrenen Trader. Angebote am Markt gibt es viele, wobei nicht jeder Trader auch ein guter Coach ist. Achten Sie darauf, dass der Tradingcoach Ihrer Wahl nicht nur über den nötigen fachlichen Hintergrund verfügt, sondern auch über fundierte Erfahrung bei der Arbeit als Coach. Eine nachweisbare Ausbildung im Coachingbereich, gerade wenn es um das mentale Coaching geht, zeichnet einen guten Tradingcoach aus. Ein erfolgreiches Arbeiten ist außerdem nur gewährleistet, wenn die Chemie zwischen Ihnen und Ihrem Tradingcoach von Anfang an stimmt.

Im Gegensatz zu einem Seminar mit vielen Teilnehmern kann der Coach beim Einzelseminar ausführlich auf Ihre individuellen Fragen und Wünsche eingehen. Sie haben Ihren ganz persönlichen Ansprechpartner, der mit Ihnen gezielt auf die gesteckten Ziele hinarbeitet.

Durch gezieltes Coaching können Sie Ihre Ausbildung zum Trader vorantreiben, aber auch einem gestandenen Trader kann ein Coach zu mehr Profitabilität verhelfen.

Schlusswort

Dauerhafte Gewinne durch Trading an den Börsen, wer möchte das nicht?

Einigen von Ihnen ist in „Crashkurs Trading" das Wort „Gewinne" vielleicht zu selten vorgekommen. Sehr oft wurde dagegen über Risiken und Verluste gesprochen.

Dies war pure Absicht! Die von Ihnen angestrebten Gewinne werden sich fast automatisch einstellen, wenn Sie das Risiko und damit mögliche Verluste kontrollieren. Darum geht es beim Trading vorrangig, um nicht mehr, aber auch um nicht weniger. Das Handwerkszeug dafür haben Sie nun. Wie effektiv Sie es einsetzen, liegt allein an Ihnen selbst. Trading ist ein Geschäft, der Geschäftsführer sind Sie. Arbeiten Sie professionell, wird Ihr Geschäft laufen. Sind Sie ein halbherziger Geschäftsführer, wird Ihnen der Erfolg verwehrt bleiben.

Träumen Sie beim Traden also nicht von den möglichen Gewinnen, sondern erfüllen Sie sich erst mit den erwirtschafteten Gewinnen Ihre Träume.

Sebastian Steyer

Kesselsdorf, November 2014

Glossar

Abwärtstrend	Begriff aus der Chartanalyse; Trend mit fallenden Hoch- und Tiefpunkten
Aktie	Verbrieftes Anteilsrecht an einer Aktiengesellschaft und deren Gewinnen
Aktionär	Inhaber von Aktien einer Aktiengesellschaft und somit Miteigentümer des Unternehmens
Anleihe	Verzinsliche Schuldverschreibung über einen bestimmten Betrag, welchen der Anleihekäufer dem Herausgeber der Anleihe (Emittenten) bis zu einer vorher vereinbarten Frist (Fälligkeit) zur Verfügung stellt
Ask	Der Kurs, zu dem ein Marktteilnehmer bereit ist, ein Wertpapier zu verkaufen (auch Brief bzw. Briefkurs genannt)
Aufwärtstrend	Begriff aus der Chartanalyse; Trend mit steigenden Tief- und Hochpunkten
Backtest	Test einer Handelsstrategie mit historischen Daten
Baisse	Bezeichnung (aus dem Französischen) für eine Phase, in der die Kurse überwiegend deutlich fallen

Bar-Chart	Englische Bezeichnung für Balkenchart
Basiswert	Der Wert, auf den sich ein Finanzinstrument bezieht; auch als Underlying bezeichnet
Bear	Englisches Wort für Bär; Symbol für fallende Kurse
Bid	Der Kurs, zu dem ein Marktteilnehmer bereit ist, ein Wertpapier zu kaufen (auch Geld bzw. Geldkurs genannt)
Bonität	Zahlungsfähigkeit eines Schuldners; besonders wichtig bei Anleihen von Staaten und Unternehmen
Brief	Siehe Ask
Broker	Bezeichnung für einen Vermittler von Wertpapieren an Börsen und im OTC-Handel
Bull	Englisches Wort für Bulle; Symbol für steigende Kurse
Call	Kaufoption
CFD	Abkürzung für Contract for Difference; Derivat mit Hebel

Chart	Grafische Darstellung der Kursentwicklung eines Wertpapiers
Chartanalyse	Versucht aus der Kursentwicklung der Vergangenheit auf zukünftige Kursbewegungen zu schließen; wird auch als technische Analyse bezeichnet
DAX	Kurzform für Deutscher Aktienindex; Leitindex der Deutschen Börse, welcher die 30 wichtigsten börsennotierten deutschen Unternehmen umfasst
DAX-Future	Future-Kontrakt auf den Deutschen Aktienindex
Daytrading	Kurzfristiger, oft mehrmaliger Handel von Wertpapieren innerhalb eines Tages
Derivat	Finanzinstrument, dessen Kurs von einem zugrunde liegenden Basiswert abgeleitet wird
Dow Jones Industrial	Leitindex der New York Stock Exchange; umfasst die 30 wichtigsten US-amerikanischen Industrieunternehmen
Drawdown	Größter entstandener Verlust innerhalb eines gewissen Zeitraums

Einlagensicherung	Freiwillige und gesetzliche Maßnahmen zum Schutz der Kundengelder bei Kreditinstituten im Falle der Insolvenz des Instituts
Emittent	Herausgeber eines Wertpapieres
Eröffnungskurs	Erster Kurs eines Wertpapieres zu Beginn des Handelstages; auch als open bzw. opening bezeichnet
Eurex	Kurzform für European Exchange; Terminbörse für Futures und Optionen
Forex	Kurzform für Foreign Exchange; Devisenmarkt
Fundamentalanalyse	Analyse der betriebswirtschaftlichen Kennzahlen eines Wertpapiers, wie zum Beispiel Gewinn pro Aktie
Future	Börsengehandelter Terminkontrakt
Gap	Durch einen Kurssprung verursachte Lücke im Chart
Geld	Siehe Bid
Hausse	Bezeichnung (aus dem Französischen) für eine Phase, in der die Kurse überwiegend stärker ansteigen

Hebelprodukt	Derivat, welches die Veränderung des Basiswertes überproportional nachvollzieht; mit geringem Kapitaleinsatz lassen sich so hohe Gewinne, aber auch sehr hohe Verluste erzielen
Index	Misst die Entwicklung einer bestimmten Gruppe von Wertpapieren, beispielsweise der DAX die der 30 wichtigsten börsennotierten Unternehmen Deutschlands
Indizes	Plural von Index
Kerzenchart	Auch als Candlestick-Chart bezeichnet (englisch: Candle – deutsch: Kerze); erstmals in Japan im 18. Jahrhundert zur Darstellung von Preisen an der Reisbörse genutzt
Knock-out-Barriere	Schwelle bei Hebelprodukten; unter- bzw. überschreitet der Kurs diese Schwelle, verfällt der Knock-out-Schein und wird wertlos
Kurs	Aktueller Marktpreis für ein Wertpapier
Laufzeit	Zeitraum zwischen der Emission und der Fälligkeit eines Wertpapieres, zum Beispiel bei Anleihen

Leerverkäufe	Verkauf von Wertpapieren, ohne dass der Verkäufer diese zum Verkaufszeitpunkt besitzt; Möglichkeit, um auf fallende Kurse zu spekulieren
Limit	Orderzusatz, um beim Verkauf eine bestimmte Preisuntergrenze nicht zu unterschreiten bzw. beim Kauf eine bestimmte Preisobergrenze nicht zu überschreiten
Linienchart	Grafische Darstellung des Kursverlaufs durch eine Linie
Long	Kaufposition, Spekulation auf steigende Kurse
Margin	Sicherheitsleistung beim Handel mit Hebelprodukten
Margin-Call	Aufforderung zum Nachschuss von Kapital beim Margin-Handel ohne ausreichende Deckung
Market-Maker	Makler und Finanzhäuser, die für bestimmte Wertpapiere kontinuierlich verbindliche Geld- und Briefkurse stellen
Market-Order	Unlimitierte Kauf- oder Verkaufsorder
Mini-Future	Besondere Form des Hebelprodukts

Nasdaq	Elektronische US-Technologiebörse
Optionsschein	Wertpapier, welches das Recht verbrieft, einen bestimmten Basiswert zu kaufen (Call) oder zu verkaufen (Put); gehört zur Gruppe der Derivate
OTC-Handel	Englisch: over the counter; Bezeichnung für den Handel von Wertpapieren außerhalb des geregelten Börsenhandels
Performance	Bezeichnet die Wertentwicklung in einem bestimmten Zeitraum
Pips	Vierte Nachkommastelle im Devisenhandel
Put	Verkaufsoption
Rating	Einstufung der Kreditwürdigkeit eines Schuldners durch Ratingagenturen
Realtime-Kurse	Kurse in Echtzeit ohne Zeitverzögerung
Rendite	Erfolg einer Anlage im Verhältnis zum Einsatz
Renten	Andere Bezeichnung für Anleihen
Schlusskurs	Letzter Kurs eines Wertpapieres am Ende des Handelstages; auch als close bezeichnet

Schuldner	Emittent einer Anleihe oder eines Zertifikats
Seitwärtsphase	Phase, in der die Kurse weder eindeutig nach oben noch nach unten tendieren
Short	Verkaufsposition; Spekulation auf fallende Kurse
Slippage	Differenz zwischen dem erwarteten und dem tatsächlichen Ausführungskurs einer Order
Spread	Spanne zwischen Geld- und Briefkurs
Stopp-Order	Kauf- oder Verkaufsorder, die erst ab einem bestimmten Kurs ausgeführt wird
Trading	Handel mit Wertpapieren verschiedenster Art
Trend	Kontinuierliche Bewegung eines Marktes oder eines Wertpapieres nach oben oder nach unten; siehe Aufwärtstrend und Abwärtstrend
Turbozertifikat	Besondere Form des Hebelprodukts
Umsätze	Anzahl der gehandelten Wertpapiere, multipliziert mit dem jeweils aktuellen Kurs

Unterstützung	Kursniveau, welches bereits in der Vergangenheit erreicht, jedoch nicht unterschritten wurde
Volatilität	Maß für die Intensität der Schwankungen eines Wertpapieres
Volumen	Stückzahl der gehandelten Wertpapiere
Wall Street	Sitz der New York Stock Exchange, Synonym für den Aktienmarkt der USA
Webinar	Seminar, welches über das World Wide Web am PC gehalten wird
Widerstand	Kursniveau, welches bereits in der Vergangenheit erreicht, jedoch nicht überwunden werden konnte
Zertifikat	Inhaberschuldverschreibung, die dem Inhaber die Teilnahme an der Kursentwicklung eines Basiswertes verbrieft

Risikohinweis

Der Autor hat alle gemachten Angaben und Informationen sorgfältig recherchiert, übernimmt jedoch keine Garantie dafür. Die in diesem Buch gezeigten Tradingbeispiele stellen keine Form der Anlageberatung dar.

Der Autor übernimmt daher keine Haftung für Schadensfälle, die in irgendeinem Zusammenhang mit diesen bereitgestellten Informationen gebracht werden können. Dies gilt insbesondere für eventuelle Verluste aus dem Handel mit Wertpapieren und Finanzinstrumenten.

Quelle Charts: www.tradesignalonline.com – tradesignal® ist eine eingetragene Marke der tradesignal GmbH. Nicht autorisierte Nutzung oder Missbrauch ist ausdrücklich verboten.

Über den Autor:

Sebastian Steyer kaufte seine erste Aktie kurz nach Abschluss seines Studiums zum Betriebswirt im Jahr 1996. 1998 gründete er den Investmentclub Radebeuler Actien Club GbR, welchen er seitdem als Geschäftsführer und Anlagestratege erfolgreich managt. Im Jahre 2001 begann er parallel dazu mit dem Trading, zuerst mit DAX-Futures, später mit CFDs. Von seinem Tradingstil her gehört er zu den Trendfolgern, ein konsequentes Risiko- und Money-Management ist die Basis seines Tradingerfolgs. Seit 2010 arbeitet er als freiberuflicher Autor und persönlicher Coach im Bereich Finanzen und Trading. Er ist auch als TradingCoach tätig (www.tradingcoach.de). Bei Fragen zum Buch steht Ihnen der Autor unter *sebastian.steyer@boersenbuchverlag.de* zur Verfügung.

CRASHKURSE
Von Anlegern für Anleger

Marion Schlegel /
Markus Bußler:
Crashkurs Rohstoffe
224 Seiten, broschiert
17,90 [D] / 18,40 [A]
ISBN: 978-3-942888-50-9

Markus Jordan:
Crashkurs ETFs
176 Seiten, broschiert
17,90 [D] / 18,40 [A]
ISBN: 978-3-941493-72-8

Leon Müller:
Crashkurs Emerging Markets
214 Seiten, broschiert
17,90 [D] / 18,40 [A]
ISBN: 978-3-938350-58-4

Sebastian Grebe / Sascha Grundmann / Frank Phillipps:
Crashkurs Börse
232 Seiten, broschiert
17,90 [D] / 18,40 [A]
ISBN: 978-3-938350-67-6

Markus Horntrich:
Crashkurs Charttechnik
200 Seiten, broschiert
17,90 [D] / 18,40 [A]
ISBN: 978-3-938350-57-7

Alexander Natter:
Crashkurs Zertifikate
200 Seiten, broschiert
17,90 [D] / 18,40 [A]
ISBN: 978-3-938350-43-0

Alexander Natter:
Crashkurs Fonds
192 Seiten, broschiert
17,90 [D] / 18,40 [A]
ISBN: 978-3-938350-41-6

Für die Crashkurs-Reihe haben eine Vielzahl namhafter Börsenexperten zur Feder gegriffen. Ziel der Serie ist es, Anlegern verschiedene Teilgebiete des komplexen Themas Börse nahezubringen. Jeder Titel stellt eine abgeschlossene Abhandlung über die Grundlagen eines Teilbereichs der Börse dar. Dabei haben wir Wert darauf gelegt, Praktiker zu Wort kommen zu lassen. Hier schreiben also Anleger für Anleger. Die Serie wird laufend fortgesetzt. Fragen Sie im Buchhandel oder direkt bei uns nach!

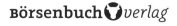